AF130088

Knut Koopmann

Vom Jagen und Versagen

Bibliografische Information der Deutschen Nationalbibliothek:
Die Deutsche Nationalbibliothek verzeichnet diese Publikation in
der Deutschen Nationalbibliografie; detaillierte bibliografische
Daten sind im Internet über http://dnb.dnd.de abrufbar.

© Knut Koopmann
Herstellung und Verlag
BoD - Books on Demand, Norderstedt
Titel-Illustration: Knut Koopmann
Titel-Gestaltung: Diana Fütterer

ISBN: 978-3-738-60808-3

für Feli, Tine und alle,
die mich liebhaben und natürlich auch für die,
die mich nicht liebhaben

Vorbemerkungen

Alles, was hier steht, habe ich mehr oder weniger erlebt. Oft weniger als mehr. Hier kann also jeder lesen, wie es einem geht, wenn man jeden Tag aufs Neue auf der Jagd ist. Da braucht einer schon verdammt viel Humor. Aber den hab ich ja.

Es kann natürlich sein, dass nicht jeder diesen Humor teilt. Wahrscheinlich teilt ihn kaum jemand mit mir. Doch wer nicht mit mir lachen kann, muss das auch nicht. Es muss schließlich auch niemand dieses Buch kaufen und lesen. Wer dieses Buch trotz aller Warnungen liest und sich auf den Schlips getreten fühlt, … Pech! Ich habe niemanden dazu gezwungen. Das ist eine freiwillige Entscheidung. Ähnlichkeiten mit auf diesem Planeten existierenden Wesen sind nicht ausgeschlossen. Das konnte ich gar nicht ausschließen. Es wird immer jemanden geben, der sagt: „Kenne ich", „Frag mich mal…!".

Und dann möchte ich an dieser Stelle noch etwas an die Lektorin loswerden, die geschrieben hatte, ich würde mich überhaupt nicht weiterentwickeln. Das will ich auch nicht. Schließlich wird aus einer Nacktschnecke auch kein Seeadler, egal, was sie anstellt.

So wünsche ich all denen, die meine geistigen Ergüsse zu schätzen wissen, viel Spaß beim Lesen und allen anderen auch.

Euer Knuti

„Keine Frau? Kein Haus? Kein Boot? Kein Pferd? Kein Job? Keine Freunde und irgendwie krank? Naja, es gibt Wichtigeres." (KK)

Facebook-Freunde

Ich mache jetzt in Aktien. Seit einer Woche bin ich nämlich Mitglied in einer AG. Voll aktiv im Facebook-Portal, das hat nun ein Face mehr. Man muss ja informiert sein, was in der Szene passiert. Ohne Facebook läuft nichts mehr.

Das fängt schon damit an, wenn ich mir einen Song im Rundfunk wünschen will. Ohne eine Mitgliedschaft bei Facebook werde ich im öffentlichen Leben richtig diskriminiert. Dabei zahle ich Rundfunkgebühren. Wozu eigentlich? Man ist fast gezwungen, sich bei Facebook anzumelden. Nur, um einen Song-Wunsch zu äußern. Als Nicht-Facebook-Nutzer gehört man gleich zur gesellschaftlichen Randgruppe.

Seit einer Woche bin ich also gezwungenermaßen drin. Facebook hat einen Nutzer mehr und wie ich das nutzen werde, volles Rohr. Ich habe allerdings noch keinen einzigen Facebook-Freund und Facebook ohne Freunde geht nun gar nicht. Das ist ja der Sinn und Zweck der Übung, alles mit seinen Freunden teilen. Vor allen Dingen private Fotos, die niemanden interessieren, nicht einmal die besten Freunde. Aber egal, bei Facebook braucht man Freunde.

Deshalb habe ich gleich die Namen der vier Freunde eingegeben, die ich habe. Und was passierte? Null Treffer. Richtige Facebook-Verweigerer sind das. Kann man mal sehen. Ich bin also seit vielen Jahren mit Verweigerern befreundet. Und ich dachte immer, das sind echte Freunde, die mit mir auf einer Linie sind. Sind die überhaupt nicht, wir haben überhaupt keine Gemeinsamkeiten. Was soll ich mit Freunden, die ignorant sind und die Augen vor der

9

Welt verschließen? Das werde ich denen bei Gelegenheit sagen, was sie für Hinterweltler sind. Kein Interesse am aktuellen Zeitgeschehen. Die wissen gar nicht, wie wichtig Social Media ist. Heute kann der interessierte Web-Nutzer im Live-Stream miterleben, wie sein Freund vom Einer ins beheizte Schwimmbecken springt. Solche sensationellen Acts würden ohne die ganzen virtuellen Kanäle glatt an uns vorbeigehen. Meine Freunde leben ihrer Zeit echt hinterher. Man gut, dass ich das noch rechtzeitig gemerkt habe. Da ist man jahrelang mit Menschen befreundet, die am wahren Leben und an meinem erst recht nicht teilnehmen wollen. Ich werde ihnen die Freundschaft kündigen. Ich muss bestimmt nicht mit jedem befreundet sein, gerade, wo ich angefangen habe, mich ins virtuelle Leben zu stürzen. Da findet man jede Menge Freunde.

Nur im Moment noch nicht. Aber daran arbeite ich. Ich habe das Benachrichtigungs-Tool so eingestellt, dass ich sofort, wenn mir jemand eine Freundschaftsanfrage stellt, eine SMS bekomme. Das Handy habe ich immer parat, Tag und Nacht. Ich stelle es extra laut, damit ich nicht überhöre, wenn Freundschaftsanfragen kommen. Ich warte und warte. Leider passiert nichts. Wenigstens ruft meine Mutter jeden Tag an und fragt, ob es mir gutgehe. Klar Mama, sag ich dann, mir geht's total gut, alle Welt will demnächst mit mir befreundet sein. Dann freut sich Mama sehr und ist stolz darauf, dass sie in Kürze so einen beliebten Sohn hat, mit dem die ganze Welt befreundet ist.

Blöd, dass ich seit fast einer Woche nicht mehr richtig arbeiten kann. Ich bin mit meinen Facebook-Freunden unglaublich beschäftigt. Dabei hatte ich dem Chefredakteur Günther vom Pflanzenmagazin versprochen, dass er meinen Artikel über Kompostanlagen garantiert nächste Woche bekommt. Bislang habe ich keine einzige Zeile geschrieben. Aber das ist mehr als verständlich. Wer will sich schon mit Abfall beschäftigen, wo zwischenmenschliche Beziehungen viel wichtiger im Leben sind? Das ist wissenschaftlich erwiesen.

Soziale Kontakte fördern das Wohlbefinden. Da muss ich erst mal dran arbeiten, an den sozialen Bindungen. Gerade jetzt, wo ich meine vier einzigen Freunde wahrscheinlich verloren habe. Das will doch keiner, dass ich krank werde, weil ich keine Freunde habe. Das wird auch Günther verstehen. Wenn ich krank bin, kann ich erst recht nicht über Kompost schreiben.

Gerade habe ich meine Facebook-Seite gecheckt. Da ist nichts geschehen. Seit zwanzig Minuten beobachte ich sie, während ich frühstücke. Noch nicht mal in Ruhe frühstücken kann ich. Jede Sekunde ist wertvoll und geht für die Kontaktsuche drauf. Was tut man nicht alles für seine Gesundheit? Bis zur völligen Selbstaufgabe und das alles, weil Günther einen Artikel über Kompostanlagen haben will. Ich werde den gleich mal anrufen und ihm sagen, dass ich mich nicht mehr ausnutzen lasse. Meine ganze Freizeit geht drauf, um Freunde zu finden, nur damit ich gesund genug bin, um für andere zu schuften und sinnlose Artikel über Kompost für ein unbedeutendes Gartenmagazin zu schreiben. Na, wenn das keine Selbstverleugnung ist!

Mein Problem muss ich ganz allein lösen. Ich meine mein freundloses Dasein bei Facebook. Den Weg werde ich bis zur letzten Konsequenz gehen. Wo kommen wir denn da hin, wenn sich jeder anmeldet und dann nicht aktiv nach Freunden sucht. Bei Facebook wären nur noch lauter kranke, isolierte Menschen. Da meine vier bislang einzigen Freunde seit Kurzem nun meine Ex-Freunde sind, werde ich aktiv einen neuen Freundeskreis aufbauen müssen, schon wegen meiner Gesundheit.

Weil mir sonst kein Name einfällt, schreibe ich in das Feld „Personen suchen" mal den Namen Müller.

Wow, davon gibt es jede Menge. Denen schicke ich gleich mal eine Freundschaftsanfrage. Kann nie verkehrt sein, wenn man mit vielen Müllers befreundet ist. Wer weiß, wozu die alle gut sind? Richtige Medizin sind die für mich.

Ich schicke an zweihundertdreiundzwanzig Müllers eine Freundschaftsanfrage. Mehr habe ich nicht geschafft, wegen der Verspannungen im Nacken, vom vielen Sitzen am Computer. Außerdem habe ich Hunger und gehe nun erst mal zum Dönerladen. Das Handy nehme ich mit, falls die Müllers antworten, schreibe ich gleich zurück. Die sollen wissen, dass ich es mit der Freundschaft ernst meine.

Ich bin nicht so jemand, der sagt, ich melde mich und rühre mich dann drei Monate nicht. Nee, auf mich ist als Freund voll Verlass.

Während mir die Dönerstücke aus dem Fladenbrot auf meine frisch gewaschene Hose fallen, weil ich das Brot in der einen und mein Handy in der anderen Hand halte, starre ich gebannt auf mein Display. Da! Tatsächlich! Eine E-Mail von Müller. Welcher Müller? Egal, Hauptsache Müller. Ich öffne schnell mein Postfach. Doch was lese ich da? Den Müller soll ich nicht mehr mit dämlichen Freundschaftsanfragen behelligen, er kenne mich schließlich nicht. Ein Idiot, denke ich. Der hat meine Freundschaft überhaupt nicht verdient. Die kannste echt knicken, die Müllers. Das hätte ich mir gleich denken können, dass jemand mit dem Allerweltsnamen Müller nichts mit einer intellektuellen Größe wie mir anfangen kann. Ich lösche die Nachricht und probiere es mit Schröder. Zwei Stunden später meldet sich aus der Fraktion immer noch niemand, nicht mal der Gerhard, obwohl er es, seit er nicht mehr Kanzler ist, doch dringend nötig haben müsste, echte Freunde zu finden. Die arme Sau ist doch bestimmt total einsam ohne die applaudierenden Genossen. Dann eben nicht! Das haben sie nun davon, SPD wähle ich nicht mehr. Die sind für mich gestorben. Früher waren sie noch an der Basis interessiert.

Ich mache mich schlau über die Gruppen bei Facebook. Ich könnte ja einer Gruppe beitreten, in der Leute sind, die mir intellektuell gewachsen sind. Es dauert nicht lang, da werde ich fündig: Die Nutella-Gruppe. Die Beiträge da sind zum Wegschmeißen komisch. Die Leute geben sich betont dumm, damit ihre Komik überhaupt zum Tragen kommt. Schreiben wichtige Dinge wie den aktuellen Preis von einem 800 g Glas Nutella und dass Kakao ja an den Bäumen wächst und deshalb Obst sei. Solche komischen Beiträge kann ich jede Menge liefern. Gleich mit Foto, das wird richtig komisch, saukomisch. Dafür müsste ich einen Kabarett-Preis gewinnen und Gold-Mitglied bei der Nutella-Gruppe werden. Ich fang sofort an. Aus dem Schrank hole ich ein weißes T-Shirt, schreibe mit den Fingern mangels Nutella mit Nusspli in fetten Buchstaben „Nutella" auf das Shirt. Das mit dem Nusspli merkt ohnehin keiner und das hat sozusagen doppelte Komik, zumindest für mich. Ich ziehe vorsichtig das Shirt an und stopfe vorn ein Kissen drunter. Die Schrift passt gut. Auf dem dicken Bauch prangt mittig das Wort Nutella. Ich mache gleich mehrere Fotos von meinem dicken Nutella-Bauch. Das ist der schwierigste Teil, weil meine Arme doch nicht so lang sind, wie ich dachte. Als Selfie habe ich da noch nicht die richtige Übung. Schließlich klappt es.

Ich finde, das habe ich richtig gut gemacht. Das bringt mir sicher jede Menge Freunde. Ich poste das Bild in der Gruppe und schreibe darunter: Wo Nutella draufsteht, ist auch Nutella drin. Na, ist das nicht ein gelungener Gag? Jetzt brauch ich nur noch zu warten, bis die Mitglieder der Gruppe ihre Freundschaftsanfragen schicken. Mit einem lustigen Menschen wie mir muss man einfach befreundet sein.

Ich warte. Ich warte einen ganzen Tag und die Nacht dazu. Die einzige Anfrage, die kommt, ist eine E-Mail von meinem Redakteur, wo denn mein Artikel bleibe.

Weil ich meine letzte Wohnungsmiete erst mit drei Wochen Verzug bezahlen konnte, darf ich meinen einzigen Auftraggeber nicht verprellen, sonst ist nicht nur mein Auftraggeber sauer, sondern mein Vermieter gleich mit. Obwohl ich mich von Günther ganz schön ausnutzen lasse und somit meine Gesundheit ruiniere. Und wenn man richtig krank ist, bekommt man Ärger mit der Krankenkasse. Die wollen einen dann in die Zwangsverrentung treiben, damit man denen nicht mehr auf der Tasche liegt. Für Rente fühle ich mich zu jung, da bin ich für Frauen bestimmt noch weniger interessant, als ich ohnehin schon bin.

Also antworte ich Günther, dass ich gerade auf Recherche-Reise wäre und den Artikel in Kürze liefern würde. Das schafft Luft. Ein Kompostartikel ist schnell zusammenkopiert, da muss ich das Rad nicht neu erfinden. Das machen Promovierte schließlich auch nicht. Was die können, kann ich schon lange. Das Internet ist für alle da, ob mit oder ohne Doktortitel.

Nach 24 Stunden log ich mich wieder bei Facebook ein. Der erste Login schlägt fehl, der zweite und dritte auch. Was ist denn das? In meinem privaten E-Mail-Postfach finde ich eine Nachricht von Facebook, von der Nutella-Gruppe. Die haben mich doch glatt gesperrt. Beschimpfen mich, ich hätte versucht, mich mit meinem Pseudo-Nutella bei der Gruppe einzuschleichen. Einen Betrüger, der Nusspli als Nutella verkaufe, habe bei ihnen nichts zu suchen. Voll die Null-Checker, haben keine Ahnung von Komik. Die werden sich eines Tages vor mir auf den Boden werfen, damit ich als Träger des ersten deutschen Kabarett-Preises wieder bei ihnen mitmache. Sollen sie wimmern. Das habe ich überhaupt nicht nötig, wo ich bald einer der beliebtesten Facebook-Nutzer sein werde.

Ein Problem ist natürlich, dass ich gerade jetzt, wo die Schrödersuch-Aktion ins Rollen kommt, keinen Zugriff mehr auf mein Profil habe. Aber ich habe das Problem fest im Griff und melde mich unter dem Namen Georg Clooni neu an. Das ist total schlau. Ich lasse einfach den letzten Buchstaben beim Vor- und Nachnamen weg und schwupp bin ich wieder dabei, mitten im Leben. Mit dem Namen werde ich jede Menge Freundschaftsanfragen bekommen, natürlich von Deppen, die nicht wissen, wie man Clooney korrekt schreibt und nicht darüber stolpern, warum der Mann Beiträge auf Deutsch postet.

Besser einen Idioten zum Freund als gar keinen. Aber hallo – das funktioniert wie geschmiert. Nach drei Minuten die erste Freundschaftsanfrage. Die bestätige ich natürlich gleich, wie gesagt, auf mich kann man als Freund zählen, Tag und Nacht. Das läuft ja richtig gut. Da muss ich wohl eine Nachtschicht einlegen.

Die ganze Nacht habe ich geschuftet. Bis sechs Uhr heute Morgen ohne Ende Freundschaftsanfragen bestätigt. Und nun kann ich mich nicht mal hinlegen, weil bis 18.00 Uhr der Kompostartikel fertig sein soll. Wenn mein Redakteur den nicht pünktlich kriegt, ist er die längste Zeit mein Redakteur gewesen. Das hat er mir geschrieben. Die Welt ist total undankbar. Anstatt, dass er sich darüber freut, weil so ein beliebter Journalist für ihn arbeitet, der über dreitausend Freunde bei Facebook hat, droht er mit Rausschmiss. Wenn ich die nächste Miete bezahlt habe, werde ich dem meine Meinung sagen. Das soll der ruhig versuchen, eine Freundschaftsanfrage bei mir zu stellen, die werde ich glatt ablehnen.

Jetzt fahr ich gleich zu meinem Bruder aufs Land. Der hat einen Komposthaufen. Den werde ich fotografieren. Ich bin immer nah am Zeitgeschehen, mittags fotografiert und bis 18.00 Uhr der Redaktion geschickt. Schneller geht's wirklich nicht.

Seniorentanz

Kaum habe ich den Kompostartikel an den undankbaren Günther geschickt, meldet sich das Telefon. Ah, der Basti, das sehe ich an der Nummer. Der Basti ist einer meiner vier Ex-Freunde. Mit dem bin ich so was von fertig wegen seiner Ignoranz gegenüber den neuen Medien, besonders gegenüber Facebook.

Aber holla, ist der hartnäckig, das Telefon hört gar nicht auf zu vibrieren. Ich lass das Telefon Telefon sein und gucke in meinen Kühlschrank. Verdammt leer dort drin. Nicht ein einziges Bier. Der Basti hat immer Bier. Sein Kühlschrank ist stets gut gefüllt, er manchmal auch. Doch das kann er sich locker leisten. Er bekommt sein Gehalt schließlich aus dem öffentlichen Dienst und vertrinkt das Steuergeld, das ich mühsam als Freiberufler mit qualifizierten Beiträgen über Kompost verdient habe. Das geht ja eigentlich nicht. Scheint mir irgendwie ein wenig rücksichtslos. Von Bastis Bier gehört mir mindestens die Hälfte. Das hat er es von meinem Steuergeld gekauft.

Als ich den Anruf entgegennehmen will, ist er weg. Ich drücke Bastis Nummer und beschließe, ihm heute seine Facebook-Verweigerung nicht vorzuwerfen und meine Freundschaft doch nicht gleich zu kündigen. Das kann ich immer noch machen. Jetzt habe ich Durst auf Bier. Ein Mann muss Prioritäten setzen. Das können wir Männer unheimlich gut, uns auf das Wesentliche konzentrieren. Und das Wesentliche offenbart sich gerade in den vier Buchstaben B, I, E und R.

„Hi, Basti!", rufe ich gekonnt fröhlich ins Handy, „du hast gerade versucht mich zu erreichen. Telefon ist immer furchtbar unpersönlich, dachte, ich komm gleich vorbei, damit wir mal wieder reden können, von Mann zu Mann. Bin gleich da!" Auf seine Antwort warte ich nicht weiter, sondern unterbreche die Verbindung sofort. Denn ich bin ein Mann der Tat und nicht der großen Worte. Im Grunde kenne ich in diesem Moment nur ein Wort, nämlich das Wort Bier.

Zum Glück wohnt der Basti nicht so weit weg. Einen weiten Weg hätte ich heute beim besten Willen nicht geschafft. Ich wäre zwischenzeitlich ohne Bier elendig verdurstet. Da bin ich mir ziemlich sicher.

Warum wohnt der überhaupt in diesem runtergekommen Altbau im vierten Stock ohne Fahrstuhl? Allein von meinen Steuern könnte er sich locker eine schicke Penthouse-Wohnung im Neubau leisten. Ich hechele die Treppen rauf. Oben angekommen werde ich fast ohnmächtig vor Bierdurst und klingele Sturm.

Basti öffnet und will mich gerade per Handschlag begrüßen, doch ich gehe ohne Worte schnurstracks in seine Küche, reiße die Kühlschranktür auf, greife mir ein Astra und öffne es mit meinem Flaschenöffner. Den habe ich immer dabei, seit ich das Rauchen aufgegeben habe und keine Feuerzeuge mehr mit mir rumschleppe.

Ich nehme einen kräftigen Schluck. „Boah, tut das gut!", seufze ich und setze die Pulle ein zweites Mal an den Hals.

„Guten Tag, Knut. Wie wäre es denn mit einem freundlichen Hallo-Basti-Schön-dich-zu-sehen?", fragt Basti und mustert mich vorwurfsvoll.

„Jo, guten Tag, Basti, geht gleich wieder. Aber ich war so ausgedörrt, dass ich alle meine Kraft brauchte, um mich hier die fiesen Treppen hochzuschleppen", antworte ich und klopfe ihm freundschaftlich auf die Schulter.

„Naja, und die Kraft hat schon zu Hause nicht gereicht, mal den gammeligen Trainingsanzug in vernünftige Outdoor-Kleidung zu tauschen?", fragt mich mein Kumpel. Wenn er einen fast Verdursteten weiter mit Vorwürfen zu trivialen Kleiderfragen belastet, kündige ich ihm in wenigen Sekunden die Freundschaft, spätestens nach dem dritten Bier, besser nach dem vierten Bier, weil mein Durst unheimlich groß ist.

„Nun mach mal halblang. Ich war tierisch im Stress, hab die letzten Nächte geschuftet. Wie ein Irrer hab ich für die Redaktion geschuftet, bis zu der Sekunde, als du angerufen hast. Wenn ein guter Freund meine Hilfe braucht, bin ich zur Stelle. Da halte ich mich mit Modefragen nicht auf, lass alles stehen und liegen und komme sofort in den vierten Stock. Bis zur völligen Erschöpfung gebe ich für einen Freund alles."

Bastis Gesichtszüge entspannen sich, ja, sie zeigen fast einen Anflug von Mitleid. Ich bin auch wahrhaftig zu bemitleiden, wo ich mich immer selbstlos für andere aufopfere.

„Das ist lieb gemeint, Alter. Aber ich bin in keiner Notlage. Ich wollte dich mit meinem Anruf bloß fragen, ob wir zusammen ein Bierchen zischen wollen."

Mein Blick fällt auf meine ausgebeulte Jogginghose. Damit kann ich selbst im Vollrausch nicht in die mieseste aller miesen Kneipen gehen. Außerdem hab ich kein Geld für eine Kneipentour. Ich muss dem Basti wohl oder übel Recht geben, meine Beinkleidung ist unmöglich, das sieht er durch seine Brille total richtig.

„Mensch, da sind deine Signale bei mir falsch angekommen. Ein Sender-Empfänger-Problem sozusagen. Wenn du meine Hilfe nicht brauchst, kann ich ja wieder gehen", sage ich zu Basti und frage mich, wann er mir endlich das nächste Bier anbietet, denn meine Pulle ist leer.

Gefühlte sechzig Sekunden verharre ich in erwartungsvoller Körperstarre, bis er endlich die rettende Frage stellt: „Willst du noch ein Bier?"

Dem zweiten folgt ein drittes und das vierte und fünfte passt ebenfalls rein. Bevor ich den schweren Abstieg aus dem vierten Stock antrete, verabreden wir uns für Freitagabend zum Frauengucken. Bis dahin müsste das Honorar für meinen Kompostartikel auf dem Konto sein. Frauengucken heißt, wir suchen uns eine Tanzparty und gucken, was auf der Tanzfläche rumwackelt. Ich verspreche Basti, dass ich die angesagtesten Partys recherchieren werde. Recherche kann ich unglaublich gut, das ist ja meine Profession. Was ich allein schon für Facebook und den Kompostartikel recherchiert habe, das macht mir so schnell keiner nach.

Die nächsten zwei Tage öffne ich meine Kühlschranktür nicht mehr. Macht keinen Sinn und nichts ist schlimmer, als seine kostbare Zeit mit sinnlosen Handlungen zu verschwenden. Denn dass sich im Kühlschrank nichts Essbares befindet, weiß ich definitiv. Um nicht gänzlich zu verhungern, was bei hundert Kilo nicht wahrscheinlich scheint, besuche ich bis zur nächsten Honorarzahlung halt jeden Tag meinen Bruder. Das erweist sich als kluge Entscheidung. Der hat vier Kinder, eine Frau, ein Haus, zwei Autos, sechs Fahrräder, einen eigenen Komposthaufen und, weil er von allem nicht genug bekommen kann, auch einen prall gefüllten Kühlschrank. Da habe ich mich wieder geopfert und zwei Tage lang den Kühlschrank aufgeräumt. Nun hat er endlich wieder Platz für frische Wurst, Käse und Bier. Der müsste sich täglich freuen, dass er so einen ordnungsliebenden Bruder wie mich hat. Der isst, wenn es sein muss, auch den Joghurt, bei dem die Haltbarkeitsgarantie seit drei Wochen überschritten ist. Auch zwei Tage Non-Stop-Kindergeschrei macht nicht jeder Verwandte mit. Nur ich, ich bin da eisenhart im Nehmen.

Endlich ist Freitag und es gibt die Aussicht auf einen vergnüglichen Abend mit Basti, der sich gerade in der Bewährungsphase befindet. Ja, er bekommt seine Chance, weiter mein Freund zu sein, zumindest für den Freitag. Im Vorfeld habe ich jede Menge Mega-Partys recherchiert. Bevor ich Basti abhole, prüfe ich mein Konto. Was sehe ich da, nur sechzig Prozent vom erwarteten Honorar wurden für meinen Kompostartikel gezahlt.

Kurz darauf lese ich im E-Mail-Postfach die Nachricht von meinem Redakteur Günther, dass in meinem Artikel ein Haufen Quatsch stehe und er deshalb meinen Beitrag zusammenkürzen musste. Da ich nach gedruckten und nicht nach abgelieferten Zeilen bezahlt werde, falle die Bezahlung eben geringer aus. Na, von dieser ungebildeten Null Günther lasse ich mir den Party-Abend mit Basti jedenfalls nicht versauen.

Da wird der Basti mir sicher mit ein paar Bier über den ersten Schmerz hinweghelfen. Außerdem habe ich saugute Party-Recherche betrieben.

Das erste Bier trinken wir an diesem Abend erst mal beim Basti, das zweite auch, bevor wir Richtung Fischmarkt aufbrechen. Da soll laut Programm in einem Schuppen eine ultrageile Latin-Salsa-Party steigen.

Im Eingangsbereich sind wir zunächst den prüfenden Blicken der Kassierer ausgesetzt. Wenn die uns den Zugang verweigern, würde ich mich mit denen trotz meines Heldentums nicht anlegen, durchtrainiert wie die sind. Zehn Euro verlangt der Kassierer, das ist ganz schön übertrieben, wo wir noch nicht mal wissen, ob das Frauengucken sich da überhaupt lohnt. Was soll's. Ultrageil darf sich nicht nur auf die Musik beziehen, da muss auch dem Auge was Ordentliches geboten werden, sonst wäre es reine Abzocke.

Es ist reine Abzocke. Wir sind fast so schnell draußen wie wir reingekommen sind, vielleicht sogar einen Tick schneller. Astra haben sie gar nicht, für einen simplen Caipi wollen sie ebenfalls einen Zehner und die paar Mädels auf der Tanzfläche sehen aus, als ob sie nie der Werbung von Haarwaschmitteln erliegen würden. Und von der Kleidung will ich lieber nicht reden, dagegen war meine Jogginghose das neueste Modell. Basti sagt zum Glück nichts Kritisches. Das wäre auch noch schöner gewesen, erst mir die aufwändige Recherche-Arbeit überlassen und hinterher meckern. Das hab ich besonders gern. Aber Basti hält sich zurück. Der legt es echt darauf an, länger mein Freund zu sein. Da will ich mal nicht so sein und schlage die nächste Station auf meiner Recherche-Liste vor: Party im Bunker, House-Dance-Classics.

Wir sind eh mehr für das Klassische, als ältere Generation. Also nehmen wir den nächsten Bus und fahren zum Bunker. Am Kiosk holen wir uns vorher ein Astra. Das stürzen wir schnell runter, da man seit neuestem im Bus keinen Alkohol mehr trinken darf. Kann ich verstehen, immer diese Alkis um einen rum und man selbst hat gerade kein Bier dabei und wird richtig neidisch. Da will man gegen Missgunst und Neid ein positives Zeichen setzen. Das habe ich verstanden. Nachteil ist, dass die Leute sich zwar aufgrund der neuen Verordnung nicht mehr im Bus volllaufen lassen, sondern bereits voll einsteigen. Da kommt es dem einen oder anderen gleich beim Anfahren hoch. Dann doch lieber im Bus betrinken und nach dem Aussteigen entleeren. Die Entscheider bei den Verkehrsmittelbetrieben fahren halt selbst nie Bus, sondern werden gefahren, nicht im Bus, eher in Limousinen.

Kaum sind wir beim Bunker angekommen, müssen wir uns in die Reihe der Wartenden einreihen. Ich riskiere schon mal ein Lächeln bei einer wartenden Blondine, doch sie betrachtet mich wie Luft, nämlich gar nicht. Nach zwanzig Minuten Beine in den Bauch stehen dürfen wir endlich der Kassiererin unsere sechs Euro geben. Ein Schnäppchen im Vergleich zu der freudlosen Party vorher. Wir suchen uns gleich einen guten Ausguckplatz an der Theke und beobachten die Menge, die gnadenlos den Raum füllt. Wenn das in der Form weitergeht, ist der Sauerstoff bald verbraucht und die ersten fallen in Ohnmacht. Außer Beobachten geht auch nichts weiter. Die Musik beschallt den Bunker ordentlich mit House-Musik. Bislang hatte das Wort Haus immer etwas Beschützendes für mich, doch bei dem Krach hege ich eher Fluchtgedanken. Aus lauter Verzweiflung investiere ich mein sauer verdientes Geld in ein Bier, das glatt zwei Euro mehr kostet als vorhin am Kiosk. Wenigstens schauen die Frauen nicht allzu schlecht aus, im Gegensatz zum ersten Schuppen.

Nachdem ich Basti und mir ein Bier gekauft habe - ja unglaublich großzügig wie ich bin, habe ich meinem fast Ex-Freund eins spendiert – sehen die Frauen gleich noch besser aus. Auf der Tanzfläche entdecke ich die Blondine, die mich am Eingang wie Luft behandelt hat. Ich kippe den letzten Rest Bier in mich rein und gehe zielstrebig auf die Tanzfläche. Mühsam versuche ich in der Musik einen Rhythmus zu finden und drehe ein wenig die Hüften im Takt, sofern ich einen Takt erkennen kann. Nachdem ich mich ein wenig eingetanzt habe, steuere ich Hüfte schwingend auf die Blondine zu und lächele, was die Zahnreihen hergeben.

Die Kleine ist mindestens zwanzig Jahre jünger als ich und lächelt mich tatsächlich an. Ich ziehe die Mundwinkel noch weiter zu den Ohren, da kommt sie sehr nah an mich ran. Ihr Parfüm strömt etwas Animalisches aus und ich bekomme sofort Lust. Sie tanzt näher an mich heran und schreit mir ins Ohr: „Alter, keine Chance, verpiss dich!"

Ich dachte erst, ich hätte mich bei dem Krach verhört, doch dann folgt ihrer unpassenden Bemerkung eine wegwerfende Handbewegung, als wäre ich eine Schmeißfliege, die sie vertreiben müsste. Na, der Abend scheint nicht allzu positiv zu verlaufen. Mein Alkoholpegel sinkt zunehmend. Ich fühle mich wie ein begossener Pudel und völlig ernüchtert, wie es an einem Freitagabend auf keinen Fall sein dürfte. Ich verlasse die Tanzfläche und brülle Basti ins Ohr, dass der Laden völlig uncool sei und ich ein paar weitere Highlights auf meiner Liste hätte, die wir uns unbedingt nicht entgehen lassen sollten.

„Wieso wolltest du denn weg?", fragt mich Basti, als wir draußen sind.

„Die Frauen geben nichts her", antworte ich unwirsch.

„Ich fand sie gut", sagt Basti.

„Gut ist keine eins. Wir fahren jetzt nach Bergedorf. Da steigt in einem Tagungshotel eine Ü-40-Party. Da tanzen die geilsten Schnallen", meine ich optimistisch. Insgeheim hoffe ich, dass mein Glaube an Superlative nicht enttäuscht wird und Bergedorf seinem Namen keine Ehre macht, in dem sich auf der Tanzfläche alle Dorfpomeranzen versammelt haben.

„So alt bin ich nun auch wieder nicht", mault Basti, aber er folgt brav. Das hätte ich ihm sonst übel genommen, wo ich so viel Zeit in die Vorbereitung des Freitagabends investiert habe. Da kann er durchaus ein bisschen Dankbarkeit zeigen. Am besten, er bezahlt das nächste Bier, da ist er mal wieder dran, denke ich, ich muss ja nun nicht immer bezahlen.

Das Hotel wirkt sehr gediegen. Schnurstracks gehe ich auf die Rezeption zu und frage dort den übermüdet wirkenden Herrn nach der Party.

„Ach, Sie meinen den Seniorentanz?", fragt er nach und mir scheint, als ob er dabei hämisch grinst. Vielleicht ist sein Grinsen auch einfach nur dämlich und gar nicht gewollt hämisch. Ich könnte gleich eine Diskussion mit dem Herrn anfangen, lass es aber lieber, schließlich bin ich nicht zum Diskutieren nach Bergedorf gekommen.

„Nee, nee, schon weniger Tanz, mehr Party", erklärt Basti, der wohl ebenso wenig wie ich uninformiertes Personal ausstehen kann. Schließlich arbeitet der Herr hier, der muss doch wissen, was gerade angesagt ist.

Er zuckt resignierend mit den Schultern und weist mit einem Kopfnicken auf eine mahagonifarbene Tür. Geht doch. Warum tut er erst so unwissend? Ich öffne die besagte Tür und kapiere gleich, was der Typ mit Seniorentanz gemeint hat. Auf einer Bühne klimpern ein paar angegraute Musiker und im Zeitlupentempo schlürfen weißhaarige Personen über die Tanzfläche. Gegen die Musik war die Max-Greger-Band die reinste Punk-Gruppe. Echt mitreißende Stimmung. So mitreißend, dass wir sofort ausreißen. Manchmal verstehen Basti und ich uns auch ohne Worte.

Unser Weg führt uns direkt in den nächsten Imbiss, wo er mir eine Bratwurst spendiert. Dann lassen wir uns vom nächsten Taxi einsammeln und auf den Kiez fahren. Mein Kompost-Artikel-Honorar sehe ich dahinschwinden und der Kühlschrank ist noch nicht wieder gefüllt. Das einzige, was an diesem Freitagabend gefüllt werden muss, bin ich. Also rein in die Kneipe „Herz von St. Pauli" und auf der Tanzfläche mit stinknormal besoffenen Fußballfans die Texte von Herbert Grönemeyer mitgrölen. Und, da man den guten alten Herbi sowieso nicht versteht, darf man sie einfach mitlallen, bis zum frühen Morgen. Das ist mal eine richtige Party – auf meine Nase ist eben Verlass. Ich weiß genau, wo die Post abgeht, schon von Berufs wegen.

„Wenn es nicht so ist, ist es anders." (KK)

Kinderlieb

Den Samstag nach dem Pistenabend war ich erst mal platt. In meinem Alter merkt man erste Einschränkungen. Die Regenerationsphasen fallen deutlich länger aus als früher. Gegen Nachmittag habe ich mich aus dem Bett zum nächsten Supermarkt gequält, um meinen Kühlschrank aufzufüllen. Sonntag habe ich brav die Miete überwiesen. Diesmal war ich lediglich eine Woche im Verzug. Das ist eigentlich viel zu kurz. Gegen diesen Mietwucher müsste ich demonstrativ mehrere Monate mit Zahlungsverweigerung protestieren. In jungen Jahren habe ich das gemacht. An jeder Demo habe ich aktiv teilgenommen, immer an vorderster Front, eine wahre Kämpfernatur.

Jung ist eindeutig vorbei und es gibt wahrhaft Zeiten, denen will ich nicht hinterhertrauern. Wenn ich allein an die Besuche des Gerichtsvollziehers denke, der damals respektlos in meine Privatsphäre eingedrungen ist, werde ich noch heute sauer. Das hat regelrechte Psychosen bei mir ausgelöst und meine Therapie wollte am Ende keiner zahlen. Erst zerstören sie die Psyche rechtschaffender Steuerzahler und danach übernimmt keiner die Verantwortung. Das kennen wir zur Genüge.

Nicht zu vergessen den Tag, als die Bullen kamen und das nur aufgrund meiner Verweigerung, den Gerichtsvollzieher bei mir aufzunehmen. Sie drohten mir mit Knast, wenn ich die Tür nicht öffnete. Die totale Diktatur war das. Aber was will man machen? In Schweden Asyl beantragen? Nee, das halte ich nicht aus, im Sommer kann man nicht schlafen, weil es nicht dunkel wird, im Winter muss man schon um drei Uhr nachmittags schlafen, weil es innerhalb weniger Minuten stockfinster wird. Alkohol ist überhaupt unbezahlbar – das wäre dort das allergrößte Problem. Dabei habe ich weiß Gott genug Probleme. Weitere muss ich mir durch einen Asylantrag in Schweden nun wirklich nicht machen.

Neben kleineren finanziellen Engpässen sind meine existenziellen Probleme eindeutig die Frauen. Eigentlich besteht das Problem weniger auf meiner Seite, sondern die Frauen haben eher eins mit mir. Dabei könnten die es richtig gut mit mir haben. Wenn ich da allein an Simone denke, meine Ex-Frau. In vier Ehejahren habe ich mich für sie krumm gemacht und was ist der Dank? Sie reicht die Scheidung ein und behauptet, ich wäre ein Versager auf der ganzen Linie. Wenigstens hätte sie ein gutes Haar an mir lassen können. Zum Beispiel, dass ich im Bett eine echte Granate bin. Aber nein. Ich weiß überhaupt nicht, warum ich nicht gleich in den ersten Wochen unserer Ehe gemerkt habe, wie unsensibel Simone ist.

Verliebte Männer geben halt alles. Doch sie wirft mir bis heute vor, ich hätte stetig nur genommen, besonders gern ihr Geld. Soll sie sich ihr Geld doch sonst wo hinstecken! Davon hat sie ja inzwischen genug, hat sich flugs einen geldgeilen Zahnarzt geangelt. Der hat jedenfalls reichlich Schotter, was man an seiner Villa sieht, die er sich in gnadenloser Brutalität von schmerzerfüllten Patienten ergaunert hat. Zahnärzte sind von Natur aus brutal. Jemand, der Zähne aus dem Kiefer reißt, gehört eindeutig in die Zunft der Abrissunternehmer.

Dabei bin ich viel attraktiver als dieser Abbrucharbeiter. Zu Zeiten unserer Ehe stand Simone überhaupt nicht auf dünne Männer mit Bart und Haaren auf der Brust. Und nun toppt sie das Ganze noch, in dem sie sich einen aussucht, der nicht nur Haare auf der Brust hat, sondern auch auf dem Rücken. Das habe ich selbst gesehen, wie sie am Nacken aus dem Arztkittel rausgucken. Sie steht folglich auf brutale, animalische Betonbirnen.

Da kann ich natürlich nicht mithalten, feinfühlig, weich und glatt wie ich bin.

Apropos Gefühl, mir wäre mal wieder danach, Weiblichkeit zu fühlen. Ich werde gleich Simone anrufen und ihr erzählen, dass ich unter die Bestseller-Autoren gegangen bin. Mein Kompostartikel hat das ultimative Zeug dazu, auf den ersten Platz der Bestseller-Listen zu kommen. Das wird ihr imponieren.

Frauen stehen auf erfolgreiche Männer. Sie wird sofort zugeben, dass sie einen großen Fehler gemacht hat. Großzügig, wie ich bin, werde ich ihr diesen Fehler verzeihen, schließlich machen wir alle Fehler, dafür ist man halt Mensch. Ich tippe Simones Nummer.

„Ja, was gib's, brauchste Geld?", ruft sie ins Telefon und ich finde ihre Stimme latent aggressiv.

„Na, das ist ja eine Begrüßung", kontere ich vorwurfsvoll zurück, „da rufe ich in allerbester Absicht an, weil ich dich zum Kaffee einladen will und dein Geld überhaupt nicht brauche und dann diese unhöfliche Nicht-Begrüßung. Den Kaffee und Hundert andere dazu kann ich mir locker leisten. Jetzt, wo ich gerade einen Bestseller geschrieben habe. Davon hast du natürlich nichts mitbekommen. Du hast eben keinen Sinn für Kultur. Das war schon immer so. Man gut, dass ich das rechtzeitig gemerkt und dich verlassen habe."

„Knut, ich habe d i c h verlassen und deinen Kaffee will ich nicht!", kreischt sie hysterisch und legt auf.

Man gut, dass ich die los bin. Wenn ich mir vorstelle, dass mich bei der Vergabe des Ingeborg-Bachmann-Preises diese kreischende Zicke begleiten würde, nicht auszudenken, mein ganzer Ruf als Literat wäre ruiniert. Die kann ich wirklich zu gar nichts gebrauchen, auch nicht fürs Bett, irgendwo habe ich da auch meinen Stolz. Was sie bloß an der behaarten Abrissbirne findet?

Ich gehe ins Bad und stelle mich nackt vor den Spiegel. Wenn man von den Fettringen am Bauch, den etwas schlaff wirkenden Oberarmen und dem zunehmend kargen Haupthaar absieht, bin ich echt attraktiv, erst recht als Literaturpreisträger - Erfolg heißt Geld und Geld macht sexy. Das hat Simone nicht begriffen. Da rennt sie lieber in ihr Unglück mit diesem Tier. Wahrscheinlich hat er das Zahngold, das er seinen Patienten entrissen hat, dazu benutzt, sich ein paar Gold-Piercings für den Schniedel designen zu lassen. Das würde zu einem brutalen Menschen gut passen, Zange und Zack. Ich gucke mir mein Stück an und sehe, dass es sich bei dem bloßen Gedanken an diese Selbstverstümmelung noch kleiner zusammenzieht, als es ohnehin schon ist. Kommt eindeutig nicht auf die Größe, vielmehr auf die Technik an. Technisches Verständnis habe ich mit in die Wiege bekommen. Das müsste jede Frau bestätigen.

Ich ziehe mich wieder an und überlege, ob ich meine Schwägerin anrufen soll. Die ist recht hübsch. Doch im selben Moment denke ich an die vier schreienden Kinder und meinen Bruder. Der würde mir sicherlich die Fresse polieren, sollte ich meiner Schwägerin nur ansatzweise schöne Augen machen. Immer auf die Kleinen. Das hat er als Kind gnadenlos mit mir gemacht, mich verprügelt, bis ich am Boden lag. Da ziehe ich den Kürzeren, das weiß ich. Besser scheint es mir, meine Schwägerin nicht anzurufen. Intelligenz siegt eindeutig über Gewalt.

Ich gucke meinen Adress-Speicher durch und hab auf keine der Frauen richtig Lust. Mein Bruder behauptet, dass man besonders auf Spielplätzen als allein erziehender Vater von den Frauen angebaggert wird und die große Auswahl hätte. Diese These müsste sich doch locker im Selbstversuch bestätigen lassen. Da sieht man wieder mein selbstloses Denken. Ich werde mich als Proband aufopfern und aus der Theorie nicht widerlegbare Fakten schaffen. Ein echter Gewinn für die Wissenschaft.

Leider habe ich kein Kind. Jedenfalls hat bislang keine Frau mich auf Unterhaltszahlungen verklagt. Ich kann mich schlecht mit einer Puppe auf den Spielplatz setzen. Während ich meinen Kaffee schlürfe, höre ich Kindergeschrei aus der Nachbarwohnung. Was mich normalerweise nervt, sorgt in diesem Moment für Zuversicht. Ich bin mehr als zuversichtlich, geradezu überzeugt bin ich, dass der Tag gekommen ist, an dem Knut zukunftsweisende Erkenntnisse für die Wissenschaft bringt. Und das alles für lau. Ich will ja nicht mal Geld dafür. Dann wäre ich nämlich bestechlich und ein Forscher muss absolut unabhängig sein und darf sich dem Lobbyismus, der überall herrscht, nicht unterwerfen. Neutraler als jeder chinesischer Schiedsrichter im Fußball ergebe ich mich in den Dienst der freien Wissenschaft.

Ich trinke meinen Kaffee aus und klingele an der Nachbartür, durch die Kindergeschrei nicht ganz schmerzfrei in meine Ohren dringt. Aber ich kann Schmerz gut aushalten, bin ja kein Weichei. Nachdem ich das zweite Mal, diesmal etwas länger, an der Nachbartür Sturm geklingelt habe, öffnet meine Nachbarin mit einem verheulten Dreijährigen auf dem Arm. Besonders niedlich sieht der nicht aus. Zum Glück lieben Eltern auch ihre hässlichen Kinder. Das ist ein kluger Schachzug der Natur, sonst wären alle Kinderheime total überfüllt, weil keiner die hässlichen Gören haben will. Und ich als Steuerzahler darf die ganzen missglückten Zeugungsversuche finanzieren.

„Guten Morgen, Chantal", grüße ich herzallerliebst und wende mich dem kleinen Hosenscheißer zu, „und du bist ja ein ganz Fröhlicher, ein ganz Lieber."

Der Hosenscheißer guckt erst skeptisch und ich denke, dass er meine Strategie durchschaut. Trotzdem müht er sich ein Lächeln ab. Der ist halt nicht intelligent genug, mir das Wasser zu reichen. Das kann ich von einem Kind nicht erwarten, dessen Mutter Chantal und Vater Raphael heißt, und mit Nachnamen Post.

„Tag, Knut", grüßt Chantal, „brauchst du was?"

Das ist wieder typisch. Kaum tauche ich irgendwo auf, fragen sie mich, ob ich was bräuchte. Dieses Schubladendenken in unserer Republik geht mir echt auf den Zeiger. Nur, weil ich mir ab und zu Milch, Butter, Wurst, Käse, Brot, Nudeln oder Tomaten in der Dose leihe, und dann, bescheiden wie ich bin, lediglich die kleine Dose nehme, wird automatisch gedacht, ich bräuchte wieder was, wenn ich irgendwo klingele oder anrufe. Dabei will ich just in diesem Moment meine Dienste kostenlos anbieten. Da können sie lange suchen, bis sie jemanden finden, der sich für seine Mitmenschen und nicht zuletzt für die Wissenschaft mit derart uneigennützigem Engagement ins Zeug legt. Gratis, wohlgemerkt. Ich schlucke meinen Ärger runter, Chantal könnte einer konstruktiven Kritik an ihren unangemessenen Fragen ohnehin nicht folgen.

„Nein, Chantal. Ich dachte, du brauchst mich", antworte ich und schaue möglichst hilfsbereit aus.

„Wieso sollte ich dich brauchen?", fragt sie sichtlich erstaunt und ich denke, die macht ihrem Namen alle Ehre, schwer von Begriff wie sie ist. Wahrscheinlich lebt sie ihren Nachnamen quasi voll aus. Post steht für sie als Synonym für später, danach, PS für Post Skriptum, nach dem Geschriebenen. Ich als intelligenter Mensch mit immerhin sechs Punkten in Latein spare mir in diesem Moment eine Belehrung über den wissenschaftlich belegbaren Zusammenhang von einem Namen und dem Verhalten der namentragenden Person. Sie kann letztendlich nichts dafür, dass sie ein wenig langsam oder gar nichts begreift. Es hat eben nicht jeder die geistige Reife für den Nobelpreis.

Da bin ich mehr als tolerant und nehme Chantal so, wie sie ist. Ich muss sie schließlich nicht heiraten und sonst will ich auch nichts von ihr. Bloß den Hosenscheißer, den benötige ich dringend. Warum kapiert sie das bloß nicht, die Schnecke?

„Willst du eventuell zum Friseur?", frage ich Chantal deshalb.

„Wieso? Findest du meine Haare zu lang oder zu blond?", fragt sie ein wenig entrüstet.

„Nö, ich dachte nur, du möchtest etwas Schönes für dich tun, etwas genießen, ohne dass dich der Kleine stört."

„Der stört nicht", bemerkt sie barsch.

„Ich wollte mich einfach erkenntlich zeigen, damit du weißt, dass ich mich über unsere gute Nachbarschaft freue. Deshalb dachte ich, ich schenke dir zwei freie Stunden und passe auf den Jungen auf." Jetzt ist es raus. Zwei Stunden Spielplatz müssten eigentlich reichen, um eine einsame Mutti von meinen Qualitäten zu überzeugen.

Ich merke, wie Chantal überlegt. Für mich erscheint es endlos, für ihre Verhältnisse wahrscheinlich sehr kurz. Sie willigt schließlich ein und ich habe mein Ziel erreicht. Der Hosenscheißer, der den unschlagbar originellen Namen Paul trägt, also dieser Paul Post bekommt Jacke an, Mütze auf und wird mir in den Arm gedrückt. Dass er sich extra schwer macht und wie am Spieß brüllt, als ich ihn die Treppe runtertrage, brauche ich an dieser Stelle wohl nicht zu erwähnen. Hauptsache, die Plackerei lohnt sich.

Bis ich den Spielplatz erreiche, ist das Gör von seiner Brüllerei völlig erschöpft und auf dem Arm eingeschlafen. Läuft alles fast wie geschmiert, denke ich mir, schlafende Kinder sind mir die liebsten, die reinsten Engel. Ich halte auf dem Spielplatz nach einer attraktiven Mutti Ausschau und entdecke tatsächlich eine hübsche Brünette, die von einer Bank aus das Spielgeschehen beobachtet. Zielstrebig gehe ich auf sie zu und lächele sie möglichst hilflos an.

Prompt fragt sie mich: „Wollen Sie sich setzen? Der Kleine ist auf Dauer sicherlich ziemlich schwer." Klar, ist der schwer, megaschwer, da würde ich lieber sinnlos Hanteln in die Luft stemmen anstatt diesen hässlichen Klotz mit mir herumzutragen.

Zum Glück wacht Paul Post nicht auf. Der würde mir, hinterhältig und egoistisch wie Kinder von Natur aus sind, glatt meine Spielplatz-Studie torpedieren.

Die Brünette neben mir passt auf ihre entzückende Katharina auf. In unschuldiges Rosa gekleidet bewirft diese ihre männlichen Spielkameraden mit Sand und freut sich über jeden, den sie mit ihren Attacken zum Heulen bringt. An der werden die Männer später ihre Freude haben. Das zeichnet sich schon in der Sandkiste ab. Ich halte mich mit meiner Meinung zu diesem Früchtchen zurück, schließlich geht es mir um die Mutter und eine halbe Stunde meiner Zeit als allein erziehender Spielplatz-Papi ist rum.

Um ins Gespräch zu kommen, erzähle ich Anekdoten vom einfältigen Paul Post und da ich mich als Journalist sowohl durch lückenlose Recherche auszeichne wie durch Sprachwitz, schaffe ich es in weiteren sechzig Minuten, mich mit der Brünetten zu verabreden. Morgen darf ich sie besuchen. Ergo ist wissenschaftlich hiermit die These bestätigt: Ein Mann mit Kind lernt leichter Frauen kennen als einer ohne.

Stunden um Stunden habe ich auf Tanzflächen rumge-baggert und bin am Ende allein nach Hause gegangen. Und auf dem Spielplatz benötige ich gerade neunzig Minuten. Was für ein grandioser Beitrag für die Wissen-schaft, im Selbstversuch eindeutig belegt. Kaum habe ich die Adresse der Brünetten, wacht Paul Post auf und heult nach seiner Mama, der ich wohl kein bisschen ähnlich sehe.

„Ich denke, Sie sind allein erziehend und ihre Frau ist tot, warum schreit er denn nach seiner Mama?", fragt die Brünette.

Ich dachte das Merkmal „allein erziehend" ist mit einer Witwer-Geschichte um ein paar weitere Mitleids-Punkte zu toppen. Meine Antwort erfordert deshalb höchste Kreativität. Die habe ich. Das konnte ich zuletzt mit meinem Kompostartikel unter Beweis stellen, wo die Phantasie fast mit mir durchgegangen ist. Deshalb hat Günther vermutlich einiges gestrichen. Dabei braucht man gerade in der heutigen Zeit Mitarbeiter, die phantasievolle Ideen einbringen. Das wird er hoffentlich eines Tages merken und wenn es das Letzte ist, was er merkt.

In gekonnt gespielter Liebenswürdigkeit antworte ich der Brünetten: „Ach, ich spiele mit ihm immer Mama und Papa, deswegen verkörpere ich sozusagen für ihn beide Elternteile. Nicht wahr, Paul?" Der Auftritt ist sicherlich oscarreif. Ich nehme das flennende Kind auf den Arm. Die Brünette nickt anerkennend.

Zehn Minuten später gebe ich Paul bei Chantal ab. Als er seine Mutter sieht, hört er schlagartig auf zu heulen.

„War er denn lieb?", erkundigt sich Chantal.

„Superlieb", bestätige ich ihr, „er hat schön mit den anderen Kindern gespielt." Chantal freut sich.

Zur verabredeten Zeit klingele ich am nächsten Tag bei der Brünetten. Sie scheint etwas wohlhabender zu sein, denn sie wohnt in einem schicken restaurierten Altbau mit Fahrstuhl. Das habe ich gleich positiv registriert.

Ich habe in einen bunten Blumenstrauß investiert, den ich ihr unter die Nase halte, als sie öffnet. Sie hat ihre entzückende, gewalttätige Katharina auf dem Arm.

„Danke, das ist lieb. Wo ist Paul?", fragt sie, „magst du den Strauß in die Küche legen?"

Ich fasele etwas davon, dass der Junge bei einem Spielkameraden sei und folge ihrem Fingerzeig. Ich lege die Blumen in die Spüle und gehe von der Küche ins elegante

Wohnzimmer, wo ich auf einem schwarzen Ledersofa Platz nehme. Die Frau hat Pragmatismus, überlege ich, ein Ledersofa lässt sich bei kleinen Kindern leicht reinigen.

Es riecht irgendwie nach Erbrochenem und kaum habe ich den Gedanken an Kinderkotze zu Ende gedacht, da erbricht sich das Kind über das Ledersofa. Ich merke, wie sich mein Magen zusammenzieht.

„Ich glaube, mein Besuch scheint heute nicht zu passen", sage ich und stehe bereits halb im Flur. Sie nickt und meint, sie würde mich anrufen, wenn es Katharina wieder besser gehe. Ich nicke ihr verständnisvoll zu und entfliehe dem unerträglichen Geruch. Da vergeht einem alles! Restlos.

„Ich kann nun wirklich nicht die ganze Welt retten.
Es reicht, wenn mein Kaktus überlebt." (KK)

Blütenzauber

Nachdem ich mich derart für die Wissenschaft engagiert habe, benötige ich dringend eine Verschnaufpause. Völlig erschöpft, am Rande meiner Kräfte muss ich erst wieder zu mir selbst kommen. Da bleibt keine Zeit für andere, erst recht nicht für Frauen, die meine Qualitäten nicht zu schätzen wissen. Das ist rigoros verschwendete Energie und meine Mutter hat immer gesagt, man sollte sich alles einteilen, besonders seine Kräfte. In die Brünette investiere ich keine Energie mehr, denn ich verbinde mit ihr den Geruch von Kinderkotze. Ich bin sehr geruchsempfindlich. Das macht keinen Sinn.

Sinn würde es durchaus machen, mich bei meinem Redakteur Günther zu melden. Das Guthaben auf meinem Konto strebt gegen Null und da versteht die Bank keinen Spaß. Jahrelang hatte sie ihren Spaß und hat mit meinem Geld ordentlich gezockt und ich habe ihr als rechtschaffender Steuerzahler unter die Arme gegriffen, als sie die Millionen unwiederbringlich versenkt hatte. Doch kaum fehlen mir ein paar Hundert Euro, dreht sie den Geldhahn zu.

Ja, wo leben wir denn? Heißt es nicht in der Bibel „liebe deinen Nächsten"? Davon habe ich bei meiner Bank bislang nichts gemerkt. Ich werde ernsthaft überlegen, ob ich die Bank wechsle. Ich werde mich demnächst bei den Zeugen Jehovas erkundigen, welche Bank bibelfest ist. Nicht immer nur nehmen! Nein, das funktioniert auf Dauer nicht. Die Bank muss auch geben, zumindest einen Dispo-Kredit für mich. Das steht schon im Alten Testament. Ich werde die entsprechende Stelle recherchieren und als Kopie an meinen Kundenberater schicken. Und dann wollen wir doch mal sehen, was die von christlicher Nächstenliebe halten.

Zunächst ruhe ich mich einen Moment auf dem Sofa aus, um die wenigen kräftemäßigen Restreserven, die ich derzeit besitze, zu mobilisieren.

Nach zwanzig Minuten der ausgiebigen Meditation rufe ich Günther an. Hartnäckig, wie ich durch den knallharten Journalismus geworden bin, schiebe ich diesen Anruf nicht auf die lange Bank.

„Moin, Günther, hier ist Knut", melde ich mich einigermaßen fröhlich.

„Hi, Knut", antwortet er und schweigt.

Ich denke, Mensch will der nicht mal was sagen? Doch er schweigt beharrlich. Da liegt es wohl an mir, die Dialogführung zu übernehmen.

„Äh, ich dachte, ich melde mich mal bei dir", sage ich.

„Das ist nett von dir, Knut", sagt er und hüllt sich weiter in Schweigen.

Das gib's doch nicht. Ich denke, der will bloß austesten, ob ich Humor habe und sage auch nichts. Bestimmt zwei Minuten sagen wir beide nichts.

„Du, Knut, ich habe zu tun", nimmt mein Redakteur endlich das Gespräch wieder auf. Ich wusste es. Er hält längeres Schweigen nicht aus und sucht den Dialog mit mir. Er mag sich zu gern mit mir unterhalten. Mit mir will schließlich geistreiche Konversation betreiben.

„Günther ich dachte, ich könnte was für euch schreiben. Gerade, wo mein Kompostartikel so erfolgreich war. Daran muss man doch anknüpfen und weiter von der Erfolgswelle profitieren", erkläre ich ihm.

Manchmal ist er wirklich schwer von Begriff.

„Knut, dein Artikel war nicht erfolgreich", wirft Günther mir gnadenlos an den Kopf.

„War er nicht?", frage ich, meine Stimmung droht gerade ins Negative zu kippen.

„Nein. Ganz im Gegenteil. Wir haben jede Menge Leserbriefe bekommen, dass die mikrobiologischen Abbauprozesse bar jeder wissenschaftlichen Grundlage dargestellt wurden. Deshalb haben wir nun einen Biologen beauftragt, einen neuen Kompostartikel zu schreiben. Wir hoffen schwer, dass du unserem Blatt nicht allzu sehr geschadet hast und wir das wieder geraderücken können", Günther klingt irgendwie ungehalten.

Was bildet dieser Biologe sich ein, wo ich stets mit fundierten Hintergrundinformationen arbeite. Das hat man an meiner Spielplatzstudie eindeutig gesehen. Jetzt bloß nicht auf Diskussionen einlassen. Mit Günther zu diskutieren, führt zu nichts. Mein demnächst leeres Bankkonto lässt da keinen Raum zur Diskussion. Am besten ich schweige das Thema tot und nehme eine devote Haltung ein. Ich weiß, das grenzt an Prostitution, was ich mir für die paar Kröten alles antue. Mir kommt der Gedanke, dass ich es statt der weiblichen Laien, die mich in letzter Zeit nicht zum Zuge kommen lassen, vielleicht besser mit einer Professionellen
versuchen sollte. Doch dafür brauche ich Geld.

„Günther, ich könnte was über den Teich im Reihenhausgarten schreiben", wage ich deshalb einen erneuten Vorstoß. „Das hatten wir in der vorletzten Ausgabe", brummt Günther. Immerhin, wenigstens antwortet er und demonstriert seine Macht nicht mit Schweigen.

„Ok, dann vielleicht Krokusse, die sind immer ein Thema", schlage ich euphorisch vor.

„Knut, die nächste Ausgabe erscheint im Mai!" Höre ich da von Günther vielleicht einen leicht aggressiven Tonfall? Das sollte er sich gegenüber einem künftigen Ingeborg-Bachmann-Preisträger unbedingt abgewöhnen. Das kommt gar nicht gut.

„Ah, keine Krokuszeit. Was dann?", frage ich.

Günther schweigt gefühlte fünf Minuten, bis er sagt: „Eine letzte Chance hast du noch. Du kannst was über Orchideen schreiben. Die passen in jede Jahreszeit."

„Ja, super Günther. Das Thema trifft haargenau ins Schwarze. Und ich bin quasi Experte bei der Orchideenzucht. Ich habe jeden Quadratzentimeter meiner Fensterbänke mit Orchideen belegt. Das ist mein spezielles Forschungsgebiet …"

„Nicht mehr als vier Seiten", unterbricht Günther rücksichtslos meinen Redefluss und legt auf. Für den wird es an der Zeit, dass er ein Benimm-Dich-Seminar besucht. Der ist schlimmer als Simone. Es gibt eben zu allem eine Steigerung.

Hartnäckigkeit zahlt sich wahrhaftig immer wieder aus. Das weiß ich als Journalist nur zu gut. Damit vier Seiten gedruckt werden, muss ich mindestens sechs abgeben. Da streichen sie in der Schlussredaktion sicher wieder die wichtigsten Aussagen und behaupten hinterher, es fehle an Stringenz und Inhalt. Kein Wunder, wenn Laien das letzte Wort haben und die wichtigsten Worte aus dem Kontext reißen. Das versteht sogar ein Erstklässler, dass damit jeder gut recherchierte Artikel dann am Ende kastriert dasteht. Und mir dafür die Schuld in die Schuhe schieben!

Aber was rege ich mich auf? Schließlich brauche ich alle Energie für den Blütenzauber. Das wird der Hammer, der Oberhammer. Ich werde gleich ein Konzept erarbeiten. Zum Glück liegt im Kühlschrank ein Reservefläschchen Astra. Damit kann ich doppelt so schnell arbeiten und Schnelligkeit zahlt sich aus. Umso schneller der Artikel fertig ist, desto schneller Geld auf dem Konto.

Das Glück ist mit den Tüchtigen. Tüchtig bin ich. Das wird Simone bestätigen. Obwohl sie während unserer Ehe oft meinte, ich würde ihr tüchtig auf den Sack gehen. Reiner Penisneid, erzählt was von einem Sack, den sie wohl gern hätte. Abstruse weibliche Denke.

Pech ist, dass ich auf meiner Fensterbank bloß eine einzige Grünpflanze habe und die sieht beim besten Willen nicht nach einer Orchidee aus. Es ist immer dasselbe: Die Redaktion will für herausragende Beiträge möglichst nichts bezahlen und ich darf erst in Vorkasse treten. Aber das Geld hole ich mir doppelt und dreifach wieder, da sie aufgrund meines Orchideenbeitrags sicher eine zweite und dritte Auflage drucken müssen, weil das Magazin reißenden Absatz findet.

Ich trinke mein Astra aus und radele zum nächsten Blumendiscounter. Dort kaufe ich drei Orchideen in den Farben Weiß, Hellrosa und Pink.

Bei Wikipedia habe ich gelesen, dass es rund 1000 Gattungen gibt. Für so viele habe ich auf der Fensterbank beim besten Willen keinen Platz. Die drei müssen reichen. Zu Hause packe ich die Viecher aus und stelle sie in der Küche aufs Fensterbrett. Schön bunt sind sie. Mehr fällt mir momentan bei ihrem Anblick jedoch nicht ein. Wem dazu mehr einfiele, wäre bestimmt mein Freund Kalle, wobei er ja zu der Gruppe der vier Ex-Freunde und Facebook-Verweigerer gehört. Ich bin mir nicht sicher, ob sein ignorantes Verhalten mir gegenüber entschuldbar ist. Aber schließlich hatte Basti auch eine zweite Chance. Jeder hat eine zweite Chance verdient, selbst ein Kalle. Ich wundere mich über meine Großzügigkeit und tippe seine Nummer. Besetzt. Alle zehn Minuten versuche ich es, sechsmal insgesamt, immer besetzt. Langsam glaube ich, unsere Freundschaft ist ihm nichts wert. Denn dass sie ihm nichts wert ist, demonstriert er mir bereits seit einer Stunde.

Er will nicht mit mir sprechen. Andere Menschen sind für ihn eben wichtiger. Das merke ich mir, ein für allemal bin ich mit dem fertig.

Ich gehe in die Küche und beobachte die Orchideen. Es tut sich nichts. Sie sehen genauso aus wie vor einer Stunde. Keine einzige neue Blüte ist dazugekommen. Ein wenig Wachstum hätte ich von ihnen schon erwartet, wo sie so einen schönen Platz auf der Fensterbank bekommen haben. In diesem Moment vibriert mein Handy. Ich zögere einen Moment, weil es Kalle ist. Soll er ruhig sehen, wie das ist, endlos zu warten. Dann gehe ich aber doch ran.

„Nun, Kalle, was hast du zu deiner Entschuldigung zu sagen?", frage ich ihn vorwurfsvoll.

„Wie? Wofür?", stottert Kalle.

Manchmal versteht er rein gar nichts. Der könnte glatt mit Chantal verwandt sein. Was soll's, das scheint genetisch bedingt.

Dafür kann er nichts. Genetische Fehleinstellungen darf ich ihm nicht zum Vorwurf machen. Da ist ein Kalle nicht für verantwortlich, dass er mir gegenüber genetisch im Nachteil ist, also von Natur aus begrenzter. Der Natur muss man eben ihren Lauf lassen, da pfuscht man am besten nicht rein. Auch nicht bei Kalle.

„Vergiss es, Kalle", sage ich fast liebevoll zu ihm, „kennst du dich mit Orchideen aus?"

„Nö, wieso?", fragt er etwas gelangweilt.

Ich reiße mich zusammen, dass ich ihn nicht anblaffe.

„Ich arbeite gerade an einem immens wichtigen Artikel über Orchideen", erkläre ich. Das entspricht uneingeschränkt der Wahrheit, denn für meine nächste Miete ist der Artikel mehr als wichtig. „Ich dachte", fahre ich fort, „da du 21 Semester Garten- und Landschaftsbau studiert hast, wärst du in der Orchideenfrage mein kompetenter Ansprechpartner."

„Ich kenne mich nicht aus, ich hab kein Examen", antwortet Kalle.

Auch ohne Examen müsste bei mehr als zehn Jahren Studium doch irgendetwas hängen geblieben sein. Ganz so dumm kann Kalle doch nicht sein, dass er sich gar nichts gemerkt hat.

Immerhin hat er es doch geschafft als 32-jähriger Abiturient ohne Berufsabschluss eine Anstellung bei der Bundesagentur für Arbeit als Arbeitsvermittler zu bekommen. Kein Unternehmen hätte ihn sonst eingestellt.

Manchmal wage ich zu bezweifeln, dass er einen guten Arbeitsvermittler abgibt. Was oder wen soll er vermitteln, wo er mir noch nicht mal das Grundwissen über die Königin aller Blüten vermitteln kann?

„Ok, Kalle", lenke ich ein, „lass mal gut sein, war nur eine Frage. Sehen wir uns demnächst auf ein Bier?" Geschickt lenke ich mit dieser Frage auf ein ebenfalls bedeutendes Thema.

„Ja, ruf an, wenn du Zeit hast", sagt Kalle. Eigentlich hätte ich sofort Zeit, aber aus strategischen Gründen werde ich ihn ein wenig warten lassen. Umso mehr freut er sich dann, wenn er einen guten alten Freund endlich wieder auf ein Bier einladen darf.

Desillusioniert von den Erkenntnissen, die ein Kalle aus seinem Studium des Garten- und Landschaftsbaus gewonnen hat, gehe ich in die Küche. Die Studenten bekommen halt keine wichtigen Inhalte mehr beigebracht. Nichts über Orchideen und das im Garten- und Landschaftsbau, unfassbar!

Ich beschließe, mir Bockwürstchen, Kartoffelsalat und Kuchen zu holen. Dafür müsste mein Geld reichen und wie ich die Lage einschätze, scheint es eine arbeitsintensive Nacht zu werden. Vorab poste ich auf meiner beliebten Clooni-Facebook-Seite die Aufforderung: Schreibt mir was über Orchideen! Bis ich vom Einkauf zurück bin, müssten meine vielen Fans im Wetteifer all ihr Wissen zusammengetragen haben.

Zurückgekehrt vom Supermarkt kümmere ich mich erst um das Wesentliche: ums Essen.

Zugegeben bin ich nach dem fettreichen Kartoffelsalat und den vier Würstchen, die ich gerade vertilgt habe, ein wenig träge und würde mich am liebsten hinlegen. Doch die Arbeit ruft und ich bin manchmal übertrieben pflichtbewusst.

Ich setze mich mit meinem Stuhl direkt vor die Fensterbank, damit ich ja alles im Blick habe. Die Orchideen bleiben von meiner Gegenwart weiterhin unbeeindruckt und wachsen keinen Millimeter. Während ich auf meine Orchideenblüten stiere, kommt mir eine wahrhaft gute

Idee. Ich muss gar nicht auf einen Kalle mit abgebrochenem Studium bauen. Der kann in Sachen Botanik nämlich jede Menge von mir lernen.

Ich schneide ein paar Blüten von meinen Orchideen ab und lege sie auf die Heizung. Das ist zwar Energieverschwendung bei achtzehn Grad Außentemperatur die Heizung aufzureißen, doch schließlich investiere ich in ein aufwändiges Forschungsprojekt. Wir würden immer noch in Höhlen schlafen, wenn die Gesellschaft nicht so experimentierfreudige Forscher wie mich hätte.

Während die Blüten vor sich hintrocknen, genehmige ich mir ein weiteres Stück von dem pups-trockenen Marmorkuchen aus der Folienpackung. Welcher Chemiker war wohl da am Werk? Lecker ist wirklich was anderes. Aber der Kuchen muss weg. Wenn die aufgerissene Packung weiter offen daliegt, wird er nur noch trockener. Dann lieber schnell aufessen. Der hat schließlich Geld gekostet.

Nach etwa einer Stunde sind die Blüten zusammengeschrumpelt und leicht bräunlich. Aha! Die wissenschaftliche Erkenntnis heißt: Orchideen mögen zwar ein sonniges Plätzchen auf der Fensterbank, jedoch nicht die direkte Heizungsluft. Die Frage des optimalen Standorts ist damit eindeutig im Experiment bewiesen.

Nächstes Thema. Ich könnte in die Geschichte der Orchideenforschung eingehen, wenn ich eine neue Gattung entdeckte. Nichts leichter als das! Ich bin sozusagen der Erfinder einer einzigartigen Orchideengattung. Es tut mir zwar etwas Leid um die schönen Blüten, aber bei Pflanzenversuchen darf man kein Mitleid zeigen. Von jeder der drei Orchideen schneide ich gnadenlos jeweils eine möglichst große Blüte ab.

Nun ist Handwerkskunst à la Origami gefragt. Mit einer Nagelschere zerschneide ich die drei Blüten in ihre einzelnen Blütenblätter, hole Nadel und Faden und nähe aus den drei unterschiedlichen Farbnuancen eine neue, dreifarbige Blüte zusammen. Mensch, das ist das Höchstmaß an Kreativität!

Sollte ich eines Tages keine Lust mehr auf Journalismus und Wissenschaft haben, werde ich Blütendesigner. International gefragt bin ich demnächst unter Botanikern, Floristen und Kleidermachern. Ich verkaufe die neuen Blütengattungen an die Textil- und natürlich Tapetenindustrie. Jedes Hotel, was etwas auf sich hält, ordert mein Blütendesign. Wenn im Mai mein Artikel erscheint, sollte ich in meinem Kalender unbedingt Luft lassen für die ganzen Fernsehinterviews. Ich werde mich gleich morgen um einen größeren Briefkasten kümmern, wegen der ganzen Fanpost. Der jetzige ist dafür viel zu klein. Da hat der Vermieter ordentlich gegeizt. Bei dem Mietzins könnte ich wenigstens einen ausreichend großen Briefkasten erwarten. Ich werde mir ernsthaft darüber Gedanken machen, ob ich deswegen die Miete kürze.

Aber erst mal kümmere ich mich um meine schöne Orchideenkreation. Diese lege ich behutsam auf ein weißes Blatt Papier und starte das Foto-Shooting. Dank digitaler Bildbearbeitung bekommt die zusammengenähte, dreifarbige Blütenkombination noch Stängel, Blatt, Luftwurzel und Topf. Mehr als zufrieden betrachte ich meine erschaffene Orchidee auf dem Bildschirm.

Als Belohnung für die geleistete Anstrengung vertilge ich ein weiteres Stück Kuchen. Ich taufe das Wunder der Schöpfung auf den Namen „Orchidacius Trios Coloris".

Vielleicht sollte ich Made by Knut und ein Copyright beim Bild einfügen. Doch ich will nicht kleinlich sein. Soll der Günther erst mal mit seinem Magazin an meiner Genialität verdienen, mich angemessen entlohnen und über kurz oder lang ist er derjenige, der mich anruft und um einen Artikel anfleht. In so einem Fall schweige ich natürlich erst mal demonstrativ in die Leitung, bevor ich mich zu einem „mal sehen", „vielleicht in drei Monaten" hinreißen lasse.

Meine Güte, ist das eine Bullenhitze in der Küche. Ich sitze bereits seit einer Stunde in Boxershorts und trage ein Shirt Marke Herren Tank Top Muscle slimfit Body fit Bodybuilder. Kein Wunder, die Heizung läuft immer noch volle Pulle. Die einzige volle Pulle darf eine Bierflasche sein und beim besten Willen nicht die Heizung. Ich werde für den Artikel einen Honoraraufschlag einfordern. Schließlich war der Materialeinsatz extrem hoch. Das muss der Günther einsehen.

Die nächsten zwei Stunden nutze ich für intensive Recherche im Web. Schließlich sind sechs engbeschriebene Seiten zum Thema Blütenzauber vollbracht, das Bildmaterial nicht zu vergessen. Ich schicke den Artikel an Günther und logge mich in mein Bankkonto ein. Das muss ich beobachten, wie lange er diesmal mit der Bezahlung braucht. Ich lass mich nicht mehr ausbeuten. Ich habe schnell geliefert und habe Anspruch auf schnelle Bezahlung.

Plädoyer für einen Richtungswechsel:
„Liebes Geld, renn doch zur Abwechslung
mal hinter <u>mir</u> her!" (KK)

Gehacktes

Jetzt sind bereits vierundzwanzig Stunden ins Land gezogen und mein Konto verzeichnet keinen einzigen Cent Zahlungseingang. Das werde ich mir merken. Erst setzt mich der Günther unter Druck und dann rückt er nicht mit der Kohle rüber.

Bald ist Monatsende. Da werden Miete und mein Beitrag für die Künstlersozialkasse fällig. Obwohl ich ja den Mietzins kürzen kann, wegen des eindeutig zu kleinen, nicht ausreichenden Briefkastens. Die Künstlersozialkasse ist wenig sozial, wenn es darum geht, die Beiträge einzufordern. Die wird bei Zahlungsschwierigkeiten eher dem Wort „Kasse" als „sozial" gerecht. Da soll der Günther sein Herz für Künstler beweisen, wo ich ein richtiger Wortkünstler, schon fast ein Wortakrobat bin. Das geht doch nicht, dass immer nur die anderen von meiner Kunst profitieren, und ich am Ende mit einem Hungerlohn abgespeist werde.

Was ich auf jeden Fall nach der ganzen Rackerei verdient habe, ist eine Kunstpause und vielleicht eine Frau. Allerdings, woher nehmen? Der Basti hat neulich gesagt, dass man die Frauen nicht gewinnt, in dem man sie zuschwallert. Man überzeugt sie eher mit maskuliner Kochkunst. Das ist mindestens genauso sexy wie Geld.

Da ich nun beim besten Willen keine Abrissbirne bin, meine Haare nicht auf dem Rücken trage und deshalb wohl so ein mickriges Einkommen habe, scheint mir die Kochkunst eine reelle Möglichkeit zu sein, um die Nacht mal wieder mit einer Frau zu verbringen. Ab und zu ist das auch für einen engagierten Wortakrobaten wie mich ein

Ausgleich zu dem ganzen Stress, den ich täglich bewältige.

Ich werde morgen zu Günther gehen, ihm damit drohen, dass er mich mit Geldzuwendungen bei Laune halten muss, damit sein mittelmäßiges Gartenmagazin nicht endgültig den Bach runtergeht. Die meisten kaufen das Magazin bestimmt nur wegen meiner Artikel, die zudem künstlerischen Wert haben. Er wird das nicht riskieren, dass er seinen besten Mann verliert. Am einfachsten wäre es, er gäbe mir mein Honorar gleich in bar. Dann kann ich die Kochorgie starten. Jawohl, und wie ich kochen werde! Da ist ein Tim Mälzer weit unter meinem Niveau. Ich fange gleich bei der Drei-Sterne-Küche an. Ich werde ein paar Gäste einladen. Vielleicht starte ich einen weiteren Versuch mit der Brünetten? Nee, lieber nicht, wegen der Kinderkotze. Das lähmt jegliche Inspiration. Ich könnte Simone einladen und sie bitten, zwei, drei hübsche Freundinnen mitzubringen. Die Abrissbirne nehme ich an dem Abend in Kauf, wenn sonst die Optik der anderen Gäste stimmt. Ich kann Simones Auserwählten bitten, einen Rollkragenpulli anzuziehen. Das ist zwar ein wenig zu warm, aber zumindest sind bis auf Haupthaar und Bart keine weiteren Haare zu sehen. Schließlich bin ich der Gastgeber und darf die Kleiderordnung festlegen. Am besten wäre natürlich, er würde wie die Motorradfahrer eine Sturmhaube überziehen.

Mein Plan steht fest. Morgen gehe ich erst zu Günther und danach habe ich hoffentlich genug Geld für den Einkauf. Für Freunde soll es das Beste vom Besten geben. Da lass ich mich nicht lumpen. Ich baue mir jedenfalls keine Villa auf Kosten der anderen. Ich tyrannisiere auch keine

Arbeitslosen oder treibe wie Basti Steuerzahler durch unberechtigte Mahnverfahren in die nächste Bank, die sie aus lauter Verzweiflung dilettantisch überfallen, danach in den Knast wandern und von meinem Steuergeld dann hinter Gittern beköstigt werden müssen. Naja, Basti sorgt beim Finanzamt natürlich auch für neue Arbeitsplätze in der Sicherheitstechnik. Die Banken müssen schließlich nicht zuletzt wegen dieser Mahnbescheide in ihre Alarmanlagen investieren.

Jedenfalls können sich meine Fast-Ex-Freunde an meinem Wohltätertum ein Beispiel nehmen. Ich gebe meinen letzten Cent, damit sich die Menschen bei mir wohlfühlen.

Wenn Basti, Kalle, Simone mit zwei Freundinnen und die Abrissbirne zum Menü kommen, ist meine Essecke im Wohnzimmer fast überfüllt. Simone kommt nie ohne ihren Zahnarzt und ohne Simone werden auch ihre schönen Freundinnen nicht kommen. Also werde ich den Rattenschwanz in Kauf nehmen. Basti und Kalle sind zwar alles andere als die Entertainer vor dem Herrn, wenn sie jedoch Schampus mitbringen, kommen sie vielleicht etwas auf Touren.

Als ich Simone anrufe und sie großzügig einlade, mit möglichst hübschen Freundinnen am Freitagabend zum Essen zu kommen, sagt sie sofort zu. Ohne Diskussion. Das weckt instinktiv mein Misstrauen. Hoffentlich hat sie mein Ansinnen richtig verstanden und schikaniert mich nicht, indem sie ein paar besonders unattraktive Frauen mitbringt. Zuzutrauen wäre ihr das. Ich hätte ihr sicherheitshalber die bevorzugten weiblichen Maße durchgeben sollen. Damit die Abrissbirne den Rollkragenpulli anzieht, habe ich gesagt, dass es extrem kalt im Wohnzimmer sei.

Die Nachbarn würden immer ihren Kühlschrank auf lassen. Dadurch ist es bei mir saukalt, auch wenn die Außentemperatur zwanzig Grad beträgt. Ich hätte das den Nachbarn bereits mehrmals gesagt, aber die sind in der Angelegenheit taub. Sonst sind sie eigentlich ganz nett. Schließlich leihen sie mir bei Bedarf was, kürzlich erst ihr hässliches Kind zum Spielen. Da haben sie regelrecht Mitleid gezeigt, wo ich so gern spiele und niemanden im passenden Spielalter habe.

Ich will gerade weiter ausschmücken, was für nette Nachbarn ich habe, da blafft mich Simone im mir bestens vertrauten Tonfall an: „Knut, das interessiert nicht. Wir kommen um acht." Ohne ein Wort des Abschieds legt sie auf. Die hat kein Benehmen, die Frau. Ich weiß schon, warum ich sie verlassen habe.

Als ich am nächsten Morgen auf meinen Kontostand gucke, ist dort immer noch kein Zahlungseingang zu sehen. So geht das beim besten Willen nicht! Der Günther wird mich kennen lernen, von einer völlig neuen Seite. Ich spare mir an diesem Morgen das Frühstück. Wenn ich sauer bin, kriege ich eh keinen Bissen runter. Das hat Günther zu verantworten, dass ich gleich völlig abgemagert vor ihm stehe. Aber ich brauche sein Mitleid nicht. Ich will nur das, was mir zusteht, nämlich mein Honorar. Mit dieser Ausbeutung ist endgültig Feierabend.

Als ich Günthers Büro betrete, komme ich gleich zur Sache: „Günther, so geht das nicht weiter."

Diesmal glänzt Günther nicht durch Schweigen: „Du hast vollkommen Recht."

„Womit Recht? Du weißt doch gar nicht, was ich dir sagen will", gebe ich zurück.

„Du musst mir nichts mehr sagen und erst recht nichts schreiben", sagte Günther und sieht mich dabei provokant an.

„Wie meinst du das?" Kann er nicht mal dieses dämliche Grinsen abstellen?

Günther grinst unbeirrt weiter. „Fantasie hast du unbestritten. Fantasie ist in einem seriösen Gartenmagazin allerdings weniger gefragt. Da geht es um Fakten, Fakten, Fakten! Um biologische Gesetzmäßigkeiten!"

„Schrei mich nicht an!" Meine Stimme wird deutlich lauter.

„Knut", sagt Günther leise und fügt noch leiser hinzu: „Knut, das war's! So eine Scheiße wie deinen Orchideenartikel habe ich noch nie gelesen. Der ist so schlecht, dass das Wort Scheiße fast zu freundlich ausgedrückt ist."

„Günther, ich habe eine neue Gattung… Und was ist mit meinem Honorar?"

„Raus!" Da schreit er aber. Ich lasse mich nicht anschreien. Erst recht nicht von einem Günther, der inzwischen nicht mehr grinst, sondern puterrot angelaufen ist. Ich werde mir einen Anwalt nehmen und Günther auf Schadensersatz verklagen und das ganze Internet gleich mit. Da werden hart arbeitenden Journalisten unsachliche Inhalte als Tatsachen untergejubelt. Wenn sie diese Texte gutgläubig kopieren und in ihre Artikel einbauen, müssen sie ihren Kopf für Aussagen hinhalten, die sie letztendlich nicht zu verantworten haben. Grußlos verlasse ich Günthers Büro und überlege, welchen Anwalt ich in der Angelegenheit beauftragen könnte. Leider habe ich im Moment weder das Geld für einen Anwalt noch das Geld für mein geplantes Essen am Freitag. Ich könnte Fred fragen, ob er mich in der Angelegenheit vertritt. Als kostenlosen Freundschaftsdienst, so von Anwalt zu Freund. Er kann sich damit von der Stufe der Fast-Ex-Freunde auf die Stufe Guter-Freund hocharbeiten. Das muss es ihm doch wert sein. Ich wähle Simones Nummer. Wider Erwarten meldet sich die Abrissbirne.

„Hi, ist Simone da?", frage ich möglichst freundlich. Wieso geht der an Simones I-Phone? Hat die gar keine Privatsphäre mehr?

„Hallo Knut, du alter Gustav!", grüßt er zurück und lacht über seinen misslungenen Scherz, den er mindestens bei jeder zweiten Begrüßung zum Besten gibt und sich dabei unglaublich komisch findet.

„Hallo Klempner!", antworte ich ebenso blöd.

„Ja, Zahnklempner ist gut!", lacht er erfreut und zeigt damit sein schlichtes Gemüt. Simone steht halt auf Geld. Geld gleicht viel aus.

„Ich brauche Geld", sagte ich. Warum soll ich lange um den heißen Brei reden. Ich war schon immer für den kurzen, direkten Weg.

„Wer braucht das nicht?", entgegnet die Abrissbirne, die im richtigen Leben Klaus-Eckbert heißt und keine Verniedlichung des Vornamen duldet, also weder ein Klausi, Ecki oder Berti. Naja, so ein „I" am Ende wäre in Bezug auf sein brutales Berufsbild auch irgendwie unpassend.

„Ich möchte Simone sprechen", sage ich, bevor ich mich auf eine Diskussion mit ihm einlasse. Ich diskutiere grundsätzlich nicht mit extrem Haarigen oder den Ehemännern meiner Ex-Frau, erst recht nicht, wenn sie Klaus-Eckbert heißen. Das führt ohnehin nicht ans Ziel. Denn die Buchhalterin ist Simone. Die hatte bereits in unserer Ehe in Geldangelegenheiten das Sagen, egal, wer das Geld verdient hat. Meistens hat sie das Geld verdient, aber wenn ich Honorar bekam, hat sie es gleich konfisziert, angeblich weil ich Schulden bei ihr hatte.

„Warte, ich hole sie", antwortet Klaus-Eckbert.

„Ja, und ich muss dir noch sagen, wegen Freitagabend. Es ist verdammt frisch bei mir, fast winterlich kalt. Es empfiehlt sich, einen Rolli anzuziehen", ergänze ich.

„Knut, wir sollen am Wochenende vierundzwanzig Grad bekommen", entgegnet Klaus-Eckbert.

„Wer sagt das?", hake ich nach. Selbst bei vierundzwanzig Grad sollte er einen hochgeschlossenen Pullover tragen, schon allein wegen der Ästhetik. Ich bin Design- und Modeprofi. Das habe ich bei meinen Blütenkreationen unter Beweis gestellt.

„Wetteronline", sagt er.

„Du glaubst wohl alles, was im Netz verbreitet wird?", frage ich, doch die Frage hört er nicht mehr. Simone ist bereits am Apparat.

Es kostet mich einige Überredungskunst, um ihr zweihundert Euro als Leihgabe abzuschwatzen. Sie findet zweihundert Euro für ein Abendessen mit sieben Personen etwas übertrieben, zumal die Gäste die Getränke mitbringen sollen. Sterneküche hat halt ihren Preis und für meine Freunde gebe ich gern den letzten Cent, auch dann, wenn es nicht meiner ist.

Simone verspricht mir, sofort das Geld auf mein Konto zu überweisen. Am Abend sehe ich den Betrag tatsächlich als Zahlungseingang. Da ist sie nicht wie Günther, der einen endlos warten lässt. Als nächstes gehe ich in die Bibliothek und leihe mir dort Kochbücher von Juan

Amador, Harald Wohlfahrt und Paul Bocuse aus. Die gehören zur Drei-Sterne-Klasse und passen somit bestens zu mir. Unter drei Sternen fange ich erst gar nicht an, für meine Gäste zu kochen. Nicht wie der Kalle: Gefrierschrank, Pizza raus und ab in den Ofen. Von mir können sie sich alle eine Scheibe abschneiden. Zum Nachmittagskaffee trinke ich ein Bier, das schmeckt zu jeder Tageszeit. Dabei stelle ich meine Speisenfolge zusammen. Erst ein schickes Gazpacho mit Kirschen und Speck. Speck und Kirsche klingt irgendwie so pervers wie in Speck eingerollte Schokolade, doch wenn der Juan das empfiehlt, wird es wohl schmecken. Kalle und Basti schmeckt ohnehin alles. Simone kann ich es eh nicht recht machen, für die mir noch unbekannten weiblichen Schönheiten wird es das beste Essen ihres Lebens sein und die Abrissbirne hat zu essen, was auf den Tisch kommt.

Als Hauptgang wird es Lammragout à la Bocuse und zum Dessert gebrannte Créme nach Wohlfahrt geben, alles natürlich frei von mir interpretiert. Den kreativen Umgang mit den Produkten habe ich halt im Blut, nicht nur in der Botanik. Ich schreibe meine Einkaufsliste zusammen und schiebe mein Fahrrad zu meinem Discounter um die Ecke. Frische Kirschen gibt es natürlich nicht. Da tun es die aus dem Glas sicher auch, zumal ich mir bei denen das lästige Entsteinen spare. Von den Heidelbeeren nehme ich die tiefgefrorenen, die sind teuer genug und wir wollen es nicht übertreiben. Das Lamm hole ich vom Türken und im französischen Delikatessengeschäft einige Zweige Thymian, nicht weil ich denke, dass der Thymian dort besonders gut sei, sondern wegen der Tüte. Ich sagte zu der Verkäuferin, dass ich gern die größtmögliche Tüte hätte, die sie widerwillig gegen einen Wucherpreis von fünfzig Cent rausrückt. Die Tüte mit dem Werbeaufdruck brauche ich für Dekorationszwecke. Ich lege sie dekorativ im Wohnzimmer auf die Kommode, damit die Gäste sehen, dass ich keine Kosten und Mühen gescheut habe, sozusagen alles aus dem feinsten und teuersten Laden der Stadt. Das sieht man an der Tüte.

Tischdekoration muss ich nicht kaufen, da habe ich ja meine Orchideenblüten, die ich als Tischstyling verwenden kann. Meinen Einkauf inklusive einer Bierkiste stapele ich gekonnt auf meinem Gepäckträger. An solchen Einkaufstürmen zeigt sich immer wieder, wie pragmatisch ich doch veranlagt bin. Keuchend schleppe ich alles in zwei Durchgängen in den zweiten Stock. Man gut, dass ich nicht in der Wohnung von Basti lebe und alles in den vierten Stock hieven muss. Da wird jeder Einkauf zur persönlichen Folter. Kein Wunder, dass Basti selten für Gäste kocht. Wenn ich darüber nachdenke, hat er, seit ich ihn kenne, noch nie für Gäste gekocht. Und das in immerhin acht Jahren. Da muss ich ihn unbedingt drauf ansprechen. So behandelt man keine Freunde. Immer schön zum Essen einladen lassen und sich selbst nie revanchieren.

Von Simones zweihundert Euro habe ich nur einen Hunderter gebraucht. Das werde ich ihr jedoch nicht auf die Nase binden. Dann will sie den gleich zurückhaben. Ich brauche ihr Geld im Moment dringender als sie. Nachdem ich die Lebensmittel über meinen Küchentisch verteilt habe, lege ich gleich mit dem Dessert los: Gebrannte Crème mit Heidelbeerkompott. Die ist schnell gemacht und kann bis morgen in den Kühlschrank. Ich schütte mit Schwung die gefrorenen Früchte in einen Topf und geschätzte 150 Gramm Zucker dazu. Ich besitze keinen Messbecher, aber ein guter Koch hat das im Gefühl. Der braucht keine großartigen Hilfsmittel und ein Sterne-Koch erst recht nicht. Da nehme ich es locker mit jedem Drei-Sterne-Koch auf. Das Kochen hat man mir quasi in die Wiege gelegt. Bereits als Kind habe ich Schokolade erwärmt und auf Apfelstückchen geschmiert. Da musste man Talent für haben: Schokolade warm machen, ohne dass sie kocht und verklumpt, ist ganz große Kunst!

Ich setze den Topf auf den Herd. Die Heidelbeeren sollen kurz kochen. In der Zwischenzeit putze ich das Bad. Das Waschbecken ist so verkalkt, dass ich fast eine ganze Flasche Entkalkungsmittel brauche, damit es nicht mehr stumpf aussieht. Ein weiterer Grund, die Miete zu kürzen. Nicht nur der Briefkasten, der viel zu klein ist, sondern ein Waschbecken für dessen Reinigung man Hammer und Meißel braucht. Typisch Vermieter, für mieseste Wohnqualität dicke Miete verlangen. Ohne mich! Der wird bald sehen, was er davon hat.

Aber jetzt das Dessert, allein schon wegen der Frauen. Frauen lieben Dessert und ich will eine Frau lieben, zumindest für eine Nacht. Ich vertraue da voll auf Simones Mitbringsel.

Das Bad putzen hat wohl etwas zu viel Zeit gekostet. Als ich den Topfdeckel hebe, sehe ich, dass die Blaubeeren zu einer klumpigen Masse eingekocht sind. Lecker sieht das nicht aus. Aber wenn der Harald dafür Sterne bekommt, der muss es schließlich wissen.

Man sieht es nicht, weil ohnehin die Crème drüberkommt. Mangels Dessertschalen verteile ich die Masse auf Kaffeebecher mit Star-Wars-Motiven. Danach vermische ich geschätzte 75 Gramm Zucker mit Milch, Eigelben und Crème fraîche, erwärme alles kurz fürs Stocken und gieße die flockige Masse über die klumpigen Heidelbeeren. Und ab damit in den Kühlschrank. Wenn ich morgen Zucker drüberstreue und diesen mit meinem Bunsenbrenner zum Schmelzen bringe, ist das ein 1a-Dessert.

Ich verstehe nun wirklich nicht, warum die Leute sagen, sie hätten zum Kochen keine Zeit. Das war eben nur eine halbe Stunde und zwischendrin habe ich das Waschbecken geschrubbt. Die Welt ist eben voller Faulpelze.

Am nächsten Morgen geht es nach dem Frühstück gleich weiter mit der Kochorgie. Ich zaubere ein Gazpacho, vor dem ein Juan Amador den Kniefall macht. Wenn der Günther mich nicht mehr will, koche ich eben. Vielleicht sogar als Fernseh-Koch mit einer hübschen Assistentin, aber bloß keine mit Quäkerstimme. Die würde mein ausgeprägt musikalisches Gehör vergewaltigen. Und ich bin bekanntermaßen gegen jede Form von Gewalt.

Von Chantal habe ich mir einen Turbomixer geliehen und schmeiße alle Zutaten rein: Paprika, Gurke, Kirschen aus dem Glas, Essig, Weißbrot und Öl. Nur der Speck lässt sich nicht so richtig pürieren - egal, kommt sowieso am Ende alles in einen Magen. Eine kalte Suppe ist wirklich die leichteste Übung. Leider hatte ich beim ersten Anschalten des Turbomixers vergessen, den Deckel aufzulegen. Aber die kirschroten Farbtupfer sehen auf der weißen Küchenwand gar nicht so schlecht aus. Die harmonieren farblich prächtig mit den Orchideen auf der Fensterbank.

Da ich inzwischen routinierter Pürierer bin, mische ich die Zutaten für das Bocuse-Lammragout ebenfalls im Mixer einmal auf. Ab damit in den Topf, zwei Stündchen köcheln, fertig ist das Grand Menü und es ist gerade mal zwölf Uhr Mittag. Alles eine Frage der Organisation!

Weil ich mit gutem Beispiel vorangehe und meine Kühlschranktheorie schließlich nicht selbst untergraben will, ziehe ich mir einen schwarzen Rollkragenpulli an. Schwarz tragen die Kreativen. Das passt zu mir. Der Tisch sieht mit den Orchideenblüten recht ansprechend aus, die verbleibenden Strünke auf meiner Küchenfensterbank weniger. Egal. Die Küche ist heute Abend mein alleiniges Revier, da kocht der Chef persönlich.

Besonders gespannt bin ich auf die Frauen.

Als Klaus-Eckbert und Simone mit ihre zwei Freundinnen vor der Tür stehen, weiß ich allerdings nicht, was ich von Simones Auswahl halten soll. Die eine ist für meinen Geschmack zu klein, zu dick, hat jedoch ein hübsches Gesicht. Die andere weist zwar eine Laufstegfigur auf, trägt dann leider eine unvorteilhafte Brille und diese kleine Lücke zwischen den Schneidezähnen stört irgendwie ein wenig. Ich glaube, da hat Simone mich falsch verstanden, wie sie mich immer falsch versteht. Ich hatte ausdrücklich meinen Bedarf an attraktiven Frauen bekundet und bin beim besten Willen kein Schönheitschirurg, nach dem Motto aus zwei mach eins. Während mir wegen der Hitze und dem dicken Rolli der Schweiß auf der Stirn steht, wagt es die Abrissbirne tatsächlich im T-Shirt zu erscheinen. Seit wann geht man zu einem Drei-Sterne-Koch mit T-Shirt? Noch dazu in einem, auf dem „I love dogs and Peter Fox" steht? Das ist an Geschmacklosigkeit nicht zu überbieten und passt zu ihm. Wider Erwarten kräuselt sich weder am Nacken noch Brustbereich die sonstige Haarpracht. Auch im Gesicht ist er haarlos.

„Hi, Klaus-Eckbert", grüße ich, „schickes Shirt und frisch gewaxt bist du auch. Ist Simone nicht mehr tierlieb?"

Klaus-Eckbert kapiert die Anspielung nicht, lächelt und berichtet stolz, dass Simone findet, er sehe so glatt rasiert wie Agassi in jungen Jahren aus. Na, wenn das kein Kompliment ist! Die Laufstegfigur stellt sich als Alex vor und der dicke Mops als Paula. Kurze Zeit später treffen Basti und Kalle ein. Sie haben eine Kiste Bier dabei, zwar die falsche Marke, dafür die meisten Flaschen vorgekühlt. Manchmal denken sie doch tatsächlich mit.

Ausgiebig loben die Gäste meine Orchideen-Dekoration. Man müsste ja schon ziemlich ignorant sein, wenn man da mein Talent nicht erkennt. Das bemerkt sogar die pummelige Paula wohlwollend, die bislang keine halbwegs intelligente Bemerkung von sich gegeben hat. Egal, ihr hübsches Gesicht ist nett anzusehen.

Zur Einstimmung trinken wir erst drei Flaschen Champagner aus Wassergläsern. Da passt wenigstens genug rein und gleich im Anschluss verteile ich an jeden Bier, ohne Glas. Sollen sie aus der Flasche trinken, sonst stehe ich wieder stundenlang mit dem Abwasch in der Küche. Das wäre total sinnlos verschenkte Lebenszeit, und ich bin schließlich über dem statistischen Zenit. Da muss ich mit meiner Restzeit haushalten und mich um wichtige Dinge kümmern, wie frisches Geld und neue Frauen. Doch Simones weibliche Mitbringsel gehen selbst nach Schampus und Bier nicht wirklich. Ich serviere das Gazpacho. Die ignorante Abrissbirne verzieht nach dem ersten Löffel das Gesicht. Selbst Basti und Kalle, die Allesfresser, schauen nicht sonderlich fröhlich drein.

„Was ist denn mit Gewürzen? Das würde diesen widerlichen Kirschgeschmack übertönen", mäkelt Simone. Das ist wieder typisch für sie. Die hat an allem etwas auszusetzen, besonders an mir. Dabei habe ich gerade das Kirscharoma prima herausgearbeitet.

„Vielleicht etwas Ketchup", bemerkt Paula. Auch eine, die für kulinarische Themen nichts übrig hat, ebenso wie die Alex, die mit ihrer blöden Brille einen auf Intellektuelle macht.

„Salz und Pfeffer helfen manchmal auch ein wenig", sagt Alex. Dünn wie die ist, wage ich zu bezweifeln, dass sie überhaupt etwas isst und allein deswegen mit Drei-Sterne-Küche nichts anzufangen weiß. Dabei ist Essen total sinnlich. Die hat keinen Sinn für Erotik. Was hat Simone mir da bloß ins Haus geschleppt?

Ich schwitze, vor allem wegen des Rollis. Wenn ich das Essen nun noch kräftig mit Salz und Pfeffer würze, schwitze ich und stinke womöglich. Dann müsste ich erst mal duschen gehen und dann können sie sehen, wer das Ragout à la Bocuse auf den Tisch zaubert.

„Das kann passieren", versucht die dicke Paula meinen Ärger einzudämmen. Ich lächele verkniffen. Ein echter Mann von Welt zeigt sich über jede Kritik erhaben.

Während das Gazpacho durch den Kirschsaft eine schöne Farbe hatte, sieht das Ragout wie schon einmal gegessen aus. Damit nicht wieder gemeckert wird, würze ich es mit reichlich Chili, Salz und Pfeffer.

Die Pasta ist wahrlich großartig, vielleicht eine Spur zu weich. Besser zu weich als zu fest und am Ende verdient nur die Abrissbirne, weil sich ein Gast an der harten Pasta einen Eckzahn ausgebissen hat. Wahrscheinlich ist er nur deswegen mitgekommen, um neuen Patienten aufzulauern. Das würde ihm ähnlich sehen, wie der hinter dem Geld her ist.

Über das Ragout streue ich reichlich frisches Basilikum. Das peppt das Graubraun auf. Kaum haben die Gäste den ersten Bissen gekostet, setzen sie die Bierflaschen an den Hals. Dahin sind sie, die feinen Tischmanieren!

„Knut, du alter Gustav!", ruft Klaus-Eckbert und japst nach Luft, „willst du uns umbringen?"

Simone läuft krebsrot im Gesicht an und sagt kein Wort. Kalle, Basti, das Pummelchen und die Dünne probieren erst gar nicht.

„Komm, Knut, lass mal gut sein. Du hast dir wirklich alle Mühe gegeben, aber ein schlichtes Mettbrötchen wäre zum Bier völlig okay gewesen", meint Basti.

Ich beschließe, mein grandioses Dessert nicht mehr anzubieten. Die Star-Wars-Becher bekomme ich auch alleine leergefuttert. Oder Chantals Gör benutzt die Masse als Fingerfarbe.

„Na gut, wenn euch meine Sterne-Küche nicht schmeckt, könnt ihr stinknormale Mettbrötchen bekommen. Brötchen kann ich euch aufbacken und Mett hole ich schnell vom Supermarkt, der hat noch auf", sage ich und zeige mich unheimlich großzügig. Gleichzeitig denke ich schmerzvoll daran, dass ich Simones zweiten Hunderter nun anbrechen muss. Doch für meine Gäste tue ich selbst das.

Klaus-Eckbert macht die nächsten Flaschen Bier auf und Kalle bietet sich spontan an, Hack zu besorgen. Das nehme ich gern in Anspruch. Besorgen heißt für mich bezahlen und Kalle lebt schließlich von meinem Steuergeld. Da scheint es mir das Mindeste, wenn er ein paar Euro in Form von Naturalien springen lässt. Zum Hack schleppt Kalle eine weitere Kiste Bier an. Das war ja auch ein wenig geizig, nur die eine Kiste als Gastgeschenk mitzubringen. Das Pummelchen hat sich zwischendrin nützlich gezeigt und meine Küche aufgeräumt. Ich habe meinen Gästen gesagt, dass ich mir was Frisches anziehen möchte und mich in der Zwischenzeit für ein paar Minuten ins Schlafzimmer verzogen. Gerade bin ich eingeschlafen, da reißt Simone die Tür auf und fragt: „Wird das was mit dem Mett? Wir haben Hunger!"

Die denkt ausschließlich an ihre Bedürfnisse, aber ich will mich mit ihr nicht streiten. Das habe ich vier Jahre lang gemacht. Ohne etwas zu erwidern, verziehe ich mich in die Küche und widme mich dem Mett. Ich mische ein paar Zwiebelchen drunter und dekoriere die aufgebackenen Brötchen hübsch im Nudelsieb. Das Gehackte kommt auf eine Tortenplatte, rechts und links noch etwas Basilikum und fertig! An mir ist wirklich ein Bildhauer verloren gegangen. Das Mett verdecke ich mit einem Geschirrhandtuch und trage die Platte ins Wohnzimmer.

„Täterä!", rufe ich, „hier kommt mein bestes Stück!" Ich entblöße die Tortenplatte.

„Knut, du bist das Letzte! Primitiv, vulgär, chauvinistisch, sexistisch und außerdem dumm, saudumm!", keift Simone. „Komm Klaus-Eckbert. Es reicht. Wir gehen! Und die zweihundert Euro sind gefälligst nächste Woche auf meinem Konto. Sonst verklage ich dich."

Klaus-Eckbert sagt lieber nichts. Das hätte ich an seiner Stelle auch getan. Paula und Alex stehen ebenfalls auf. Alex flüstert mir beim Gehen zu: „Geiler Schwanz!" Und weg sind sie. Wenigstens sind wir Männer jetzt wieder unter uns. Basti betrachtet eingehend meine Mettskulptur: „Welcher Schwanz ist dafür eigentlich die Vorlage?"

„Na deiner nicht. Der ist viel kleiner", gebe ich zurück. Mein aus Mett geformter Schwanz mit seiner gut herausgearbeiteten Spitze und den dicken Eiern rechts und links gehört unbedingt auf die nächste Documenta. Aber dieser nicht, der gehört aufs Brötchen, gewürzt mit Salz und Pfeffer. Dazu trinken wir ein kühles Bier.

Nacktschnecke

Der undankbare Günther, der für journalistische Qualität nichts zahlen will, und die unbarmherzige Simone, die nur immer Geld im Kopf hat, machen mir zu schaffen. Denn bald ist Miete fällig. Bei Basti und Kalle stehe ich in der Kreide und mein Bruder leiht mir nichts mehr. Der züchtet lieber in seinem Garten einen größeren Komposthaufen anstatt brüderliche Nächstenliebe zu zeigen. Das nur, weil ich mir mit der Rückzahlung etwas länger Zeit lasse. Heißt es nicht liebe deinen Bruder wie dich selbst. Bei vielen verschieben sich die Prioritäten deutlich in Richtung selbst.

Mein Bruder war schon als Kind furchtbar ungeduldig. Er hat am ersten Dezember gleich alle vierundzwanzig Schokoladenstückchen aus seinem Adventskalender auf einmal aufgefuttert. Hinterher wollte er an meine ran. Ich dagegen hatte bereits als Kind schon Gespür für gute Geschäfte. Ich habe ihm meine Stückchen verkauft. Da habe ich richtig Geld mit gemacht. Das wirft er mir bis heute vor, dass ich für billige, schlecht schmeckende Schokolade Wucherpreise genommen hätte. Angebot und Nachfrage, das ist halt die Regel, auch in der Familie. Und so schlecht hat sie scheinbar nicht geschmeckt, sonst hätte er sie nicht um jeden Preis haben wollen. Auf meinen Bruder zähle ich lieber nicht.

Das Einzige, was ich derzeit in meiner desolaten Lage machen könnte, wäre meine Mutter anzupumpen. Die hat immer was auf der hohen Kante. Das muss sie nicht unbedingt in ihre vier Enkelkinder pumpen. Die haben eh genug mit dem Haus und dem stets prall gefüllten Kühlschrank. Dabei ist das gar nicht gut, wenn der Kühlschrank ständig voll ist. Da verfetten die Kinder, bevor sie das Konfirmationsalter erreicht haben. Den ganzen Speck kriegen sie nie wieder runter. Ich tue sogar ein gutes Werk, wenn die Brut nicht so viel bekommt und meine Mutter mir stattdessen ihr Geld gibt. Ich rufe sie gleich an.

„Hallo, Knut. Schön, dass du dich meldest. Kannst du nächste Woche mal vorbeikommen. Bei mir hängt eine Steckdose halb aus der Wand", begrüßt sie mich.

„Klar Mama. Du weißt doch, dass in mir quasi ein heimlicher Elektriker steckt", sage ich und frage mich, warum ich als ältester Sohn eigentlich immer alles machen soll. Das scheint das schwere Los der Erstgeborenen zu sein. Der Jüngere kann alles angeblich nicht, weil er viel zu klein dafür ist. Während mein Bruder früher faul in seinem Zimmer lag und mit ständig wechselnden Frauen Tonbandaufnahmen anhörte, musste ich den Mülleimer runtertragen und abtrocknen. Der war ein völlig verwöhntes Gör. Eigentlich hätte ich für die Adventskalender-Schokolade den dreifachen Preis verlangen können. Ich werde ihm sagen, dass er mir noch Geld aus der damaligen Vorweihnachtszeit schuldet. Bei 24 Stückchen, hochgerechnet auf zwanzig Jahre kommt einiges zusammen. Ich sollte ihn nachher anrufen und fragen, wann er endlich diese Schulden zuzüglich Zinsen begleichen will.

Mit Mama plaudere ich kurz ein wenig über meine wunderbare Orchideenneuzüchtung. Sie ist wohl ein bisschen stolz auf ihren Sohn. Das darf sie auch zu Recht sein. Im Gegensatz zu Günther hat das meine Mama gleich kapiert, dass an mir ein wahrer Pflanzenzüchter verloren gegangen ist.

„Ja, Knut, das ist schön, dass du angerufen hast", will meine Mutter das Gespräch beenden, bevor wir zum Wesentlichen gekommen sind.

Ich fackele nicht lange rum. Schließlich wollte ich mich bei ihr nicht als Elektriker bewerben. „Mama, kannst du mir tausend Euro leihen?", frage ich. Bei tausend habe ich noch etwas Luft, bis zum nächsten Zahlungseingang. Da könnte ich erst mal meine Restschulden bei Basti ausgleichen und übernächste Woche leiht mir Basti dann wieder was von meinem Steuergeld, von dem er als Mitarbeiter im öffentlichen Dienst finanziell entspannt in Saus und Braus lebt. Oder ich gehe zur Abwechslung mal zu Kalle und drohe ihm damit, dass ich mich als Arbeitsloser bei ihm jeden Tag melden werde. Dann wird er sofort mit Kohle rausrücken, nur damit ich nicht ständig vor seiner Tür im Amt rumlungere. Das kann ich nämlich prima, rumlungern. Ich muss dann unbedingt dran denken, was zu lesen mitzunehmen, sonst kann eine Stunde rumlungern ziemlich lang werden.

„Knut, so viel Geld habe ich im Moment nicht. Ich habe gerade den Enkelkindern neue Schuhe gekauft", antwortet meine Mutter. Ich hab's geahnt: die Familie meines Bruders schnorrt sich rücksichtslos durch und ich habe das Nachsehen.

„Nicht schlimm, Mama. Wie viel hättest du denn für mich?", versuche ich meine Stimmung zu retten.

„Achthundert kann ich dir wohl überweisen, Knut."

„Ja. Das wäre gut. Meine Bankverbindung ist noch die alte."

„Die kenne ich bereits auswendig", sagt Mama. Es erstaunt mich, wie gut das Gedächtnis meiner Mutter mit über siebzig funktioniert. Diese Zahlenkombination meiner Bankverbindung ist das reinste Gehirnjogging für sie. Das zahlt sich aus, dass sie häufig was überweist. Diese Zahlenübung trainiert das Gedächtnis im Alter. Deswegen ist sie noch so fit.

Nach dem Gespräch mit meiner Mutter rufe ich meinen Bruder an. Doch der ist nicht da und täuscht seiner Familie vor, dass er arbeiten würde. An dem war bereits als Kind ein Schauspieler verloren gegangen. Statt bei meinem Bruder die Schulden aus der Weihnachtszeit einzutreiben, sabbel ich mich mit einer meiner Nichten am Telefon ab, die sich niederträchtig mein Geld erschlichen hat. Sie erzählt, dass die Oma ihr Schuhe gekauft hätte.

„Lena, von meinem Geld", sage ich, „du hast quasi meine Schuhe an."

„Aber meine Schuhe passen dir nicht. Deine Füße sind viel zu groß", meint Lena. Klugscheißer, denke ich, ganz der Papa. „Sag dem Papa, er soll mir mein Geld für die Schokolade aus dem Adventskalender geben", sage ich.

„Advent ist, wenn Schnee liegt", antwortet Lena, „ich sehe keinen Schnee. Es ist warm. Oma hat mir Sommerschuhe gekauft."

„Von meinem Geld!", schreie ich und lege auf. Es hat keinen Sinn mit Frauen zu streiten. Auch dann nicht, wenn sie erst sechs Jahre alt sind. Ich habe ja an Simone gesehen, wohin das führt.

Jedenfalls habe ich mir durch Mutters Leihgabe ein kleines Polster geschaffen. Als nächstes kümmere ich mich um einen neuen Auftraggeber. Doch erst schön einen Cappuccino trinken gehen und die Morgenpost lesen. Wer viel arbeitet, muss sich ab und zu eine Pause gönnen.

Sonst bekomme ich ein Burnout vor lauter Erschöpfung. Ich bin da sehr kostenbewusst.

Nein, ich liege der Allgemeinheit nicht mit Burnout auf der Tasche. Ich mache schließlich nicht jede Mode mit, selbst eine schicke Krankheit kommt mir nicht ins Haus, nur weil sie alle haben.

Ich gehe bei mir im Viertel in eine Kaffeerösterei. Die gibt es inzwischen an jeder Ecke. Sie unterscheiden sich im Wesentlichen in ihrem Zeitungs- und Zeitschriftenangebot. Warum soll ich Geld für eine Morgenpost bezahlen, wenn ich fast für den gleichen Betrag Morgenpost lesen und dazu einen Cappuccino trinken kann. Vormittags ist es zum Glück nicht so voll, obwohl ich mich immer wieder wundere, wie viele Menschen am Vormittag Zeit zum Kaffeetrinken haben. Kein Wunder, dass ich diese immensen Steuern zahle. Mit meinem Steuergeld ermögliche ich der nicht arbeitenden Bevölkerung, in Cafés rumzusitzen und mit dem Smartphone die Kommunikation mit dem Gegenüber zu führen. Ich möchte nicht wissen, wie viele Smartphones ich subventioniere. Nicht zu vergessen die Latte-Muttis, deren Kindergeld ich schließlich ebenso bezahle.

Während ich die Morgenpost durchsehe, zu lesen gibt es da nicht allzu viel, fallen mir vor allem die Porno-Nummern ins Auge. An nackten Tatsachen scheint jeder gut zu verdienen. Warum nicht auch Knut? Weg mit allen Skrupeln, nun wird Geld verdient, aber richtig!

Ich google zu Hause gleich die Top-Ten der Pornofilm-Industrie, notiere mir die Telefonnummer und rufe den ersten an. Es meldet sich auch gleich eine Dame. Na, ob das wirklich eine Telefonistin ist?

„Ja, äh, hier ist der Knut. Knut Koopmann, Journalist, Schwerpunkt Flora und Fauna" stottere ich, was ich sonst von mir gar nicht gewohnt bin. Die Dame macht mich irgendwie nervös.

Wenig lasziv sagt sie: „Da sind sie bei uns falsch. Mit Gärten haben wir nichts zu tun, höchstens als Kulisse."

„Ja, ich weiß. Deswegen rufe ich nicht an. Ich möchte jemanden aus der Dramaturgie sprechen."

Die Dame lacht. Warum lacht die eigentlich? Man macht sich nicht über einen Fast-Ingeborg-Bachmann-Preisträger lustig. Ich sollte bei ihr persönlich vorbeigehen und ihr gehörig die Meinung blasen. Naja, blasen vielleicht nicht gerade.

„Dramaturgie? Ist ja süß! Brauchen Sie Geld?", fragt die Dame.

„Ich brauche immer Geld", antworte ich. Blöde Frage.

„Moment, ich verbinde sie mit der Regie."

Fast eine halbe Stunde brauche ich, bis der Regisseur endlich mein Talent begreift. Eine Stunde später rufe ich Kalle an. Ich sage ihm, dass er verdammtes Glück gehabt hat, weil er positiv mit seiner Arbeitslosenstatistik dastehe.

„Wie meinst du das?", fragt Kalle. Manchmal glaube ich, ich rede Esperanto.

„Kalle, ich melde mich bei dir NICHT arbeitslos. Ich habe nämlich einen neuen Auftrag", kläre ich ihn auf, „und du hast weniger Arbeit, weil du einen Arbeitslosen weniger verwaltest. Da musst du jetzt einen ausgeben, weil du so ein verdammtes Glück hast."

Kalle kann meine Euphorie nicht richtig teilen. Egal, Schnelligkeit beim Denken war noch nie seine Stärke. Das sieht man schon an seinen vielen erfolglosen Semestern

Garten- und Landschaftsbau. Da hätte er sich eine Scheibe von mir abschneiden können. Einmal kurz in Wikipedia über Orchideen was gelesen und gleich eine Neuzüchtung kreiert.

Wir treffen uns am Abend in einer Eimsbütteler Kneipe. Die haben nur Ratsherrn-Bier. Da Kalle mich einlädt, zeige ich mich bei der Biermarke ausnahmsweise tolerant. Nach dem vierten Ratsherrn erzähle ich Kalle, dass ich jetzt unter die Drehbuchautoren gegangen bin.

„Was für'n Drehbuch schreibste denn?", lallt Kalle. Der kann auch nichts ab.

„Ich schreibe über nackte Tatsachen", erkläre ich.

„Für'n Tatort?", fragt Kalle.

„Nee, ich schreibe das Drehbuch für einen Porno", flüstere ich.

„Wie für'n Porno?", grölt Kalle.

Die Kneipengäste schauen interessiert zu uns rüber. Ist mir klar. Die wollen gleich alle einen erfolgreichen Drehbuchautoren kennen lernen. Aber nicht heute Abend. Da müssen sie sich gedulden, bis ich einen Manager für mich eingestellt habe. Der koordiniert dann meine vielen Termine und verschickt die Autogramme.

„Schrei bitte nicht. Muss ja nicht jeder wissen, dass ich hier bin", ermahne ich Kalle.

Kalle grinst. „So'n Drehbuch haste schnell runtergeschrieben", meint er, „da brauchste nicht viel Text. Außer: Ah, oh, ja, ja, ja, gib's mir!"

„Bestell lieber noch ein Bier", sage ich. Manchmal ist Trinken besser als Reden. Kalle hatte dann aber auch genug Bier konsumiert. Man gut, dass ich ihn nach Hause gebracht habe. Da konnte er sich wenigstens abstützen. So ein Freund ist wirklich eine Stütze im Leben. Hoffentlich erinnert er sich bei Gelegenheit wieder daran, wie ich ihn damals gestützt habe.

Am nächsten Morgen verliere ich keine Zeit. Kaum habe ich den ersten Kaffee getrunken, sitze ich bereits am PC. Ich habe zwar immer gute Ideen, aber die besten habe ich gleich nach dem ersten Kaffee. Die gesamte Pornoindustrie wird mir demnächst zu Füßen liegen. Anflehen werden sie mich und gleich das zehnfache Honorar für meine Dramaturgiekunst bieten. Zweihundert Euro Honorar für ein komplettes Drehbuch, das ich bei dem Pornoladen verdienen soll, ist wirklich ein bisschen knauserig. Das muss ich für die Folgeaufträge noch mal diskutieren. Wenn sie nicht mehr zahlen wollen oder können, kann ich auch anders. Da stehen neun andere aus der Filmbranche bei mir auf der Matte.

Ich komme gut voran und trinke gerade die fünfte Tasse Kaffee. Als Dateinamen habe ich den neutralen Begriff Plot gewählt. Sonst hacken sich irgendwelche Spanner auf meinem PC ein und geilen sich im Vorfeld an meinen Dialogen auf. Die sollen mal schön warten, bis die Kinokunst auf den Markt kommt und dafür ordnungsgemäß bezahlen. Da muss ich meine finanziellen Interessen verteidigen. Nicht nur meine, schließlich geht es um das gesamte geistige Eigentum kreativer Menschen.

Ich werde mit Fred Kontakt aufnehmen. Auf Markenrecht hat er sich spezialisiert. Wegen seiner vehementen Facebook-Verweigerung werde ich noch mal ein Auge zudrücken. Denn nun hat er die Ehre, die Marke Knut beim Patentamt anzumelden. Für irgendetwas wird sein Jura-Studium doch gut gewesen sein. Außerdem kann er endlich beweisen, wie ernst es ihm mit unserer Freundschaft ist.

Ich tippe seine Nummer. Das war wieder klar. Bei Fred läuft nur die Mail-Box. Die Rechtsverdreher profitieren vom Elend der anderen, können tagsüber faul in der Sonne liegen, während sie ihre Klienten finanziell ruinieren. Das ist doch keine Freundschaft, wenn man für einen Freund nicht da ist.

Ich gieße mir die sechste Tasse Kaffee ein und starre weiter auf meinen PC. Nach dreißig Minuten anstrengenden Starrens surfe ich im Internet. Bewegung tut gut, auch den Augen. Im Netz finde ich eine Filmdatenbank für Pornos. Zwanzig Euro kostet ein Download. Da ich mit meinem Drehbuch nicht richtig weiterkomme, investiere ich die zwanzig Euro. Von den zweihundert sind somit zwanzig Euro wieder weg. Ein weiterer Grund, mein Honorar neu auszuhandeln. Hundertachtzig Euro für ein Drehbuch der Extra-Klasse ist eindeutig Ausbeutung.

Ich versuche, in dem gerade gekauften Porno eine Handlung zu entdecken. Der hat nur eine einzige, die dafür zehnmal wiederholt. Kein einziges Wort wird gesprochen. Da ist nichts zu kopieren, nicht ein verwendbares Wort für mein Drehbuch.

Für das Geld hätte ich mich besser mit Kaffee und Schokolade versorgt. Im Versandgeschäft kann ich normalerweise jede Ware zurückgeben, wenn sie nicht gefällt. Von Rückgaberecht steht da nichts in den AGB des Pornoseiten-Betreibers. Den werde ich auf Schadensersatz verklagen. Vielleicht will Fred unseren Freundschaftsgedanken intensiv wiederbeleben und sich um diese fragwürdige Website kümmern.

Wenn man nicht weiterkommt, hilft manchmal frische Luft. Ich ziehe mir meinen besten Jogginganzug an und kaufe mir beim Bäcker um die Ecke Brötchen und Tageszeitung. Die Pause habe ich mir nach der Schufterei am Vormittag wirklich verdient. Die Kleinanzeigen in der Zeitung geben leider auch nichts für mein Drehbuch her.

Bei den Stellenangeboten entdecke ich allerdings, dass das Kill-Team einen Jäger sucht. Ich habe ja alles Mögliche bereits gejagt. Ich werde da gleich anrufen und vorher dem Porno-Heini mitteilen, dass er sich sein Drehbuch sonstwo hinstecken könne und er für hundertachtzig Euro keine einzige Zeile von mir bekommt, nicht einmal einen Vokal mit Ausrufezeichen kriegt der. Ich lösche die Datei Plot von meinem Notebook und melde mich beim Porno-Heini gar nicht. Das wäre verschwendete Energie.

Ich rufe beim Kill-Team an. Dort begrüßt mich eine freundliche Frauenstimme. Endlich freut sich jemand wirklich über meinen Anruf.

Eine Woche später sitze ich mit Kalle und Basti schön entspannt im Biergarten. Meiner Zum-Glück-Nicht-Mehr-Frau Simone habe ich gestern die zweihundert Euro überwiesen, plus zwei Euro Zinsen. So viel Zinsen bekommt sie bei keiner Bank.

Die Miete ist ebenfalls bezahlt. Meine Mutter muss allerdings noch etwas auf ihr Geld warten. Aber die hat sowieso mehr Einfühlungsvermögen als Simone. Ich sollte meiner Scheidungsanwältin aus Dankbarkeit, dass ich Simone los bin, einen schönen Strauß Blumen schicken. Die Anwältin sieht gar nicht schlecht aus. Das wäre ein guter Anknüpfungspunkt für ein romantisches Abendessen.

„Was macht dein Drehbuch?", fragt Kalle, der bereits vor dem zweiten Bier sitzt. Hauptsache, er stürzt nicht wieder so ab.

„Gar nichts. Ich lass mich nicht ausbeuten. Ich kümmere mich inzwischen um andere nackte Tatsachen", antworte ich.

„Kommst du zum Zug? Hast du eine neue Frau?", will Basti wissen. Klar, der spekuliert nur auf eine Kiste Astra. Wer zuerst eine Frau ins Bett kriegt, muss als Trost für den anderen eine Kiste springen lassen. Das war die Abmachung.

„Nein. Ich arbeite sozial ambitioniert und befreie Menschen von unliebsamen Zeitgenossen", antworte ich.

Kalle und Basti gucken mich blöd an. Das können sie besonders gut, blöd gucken. „Ich arbeite als Jäger für das Kill-Team. Die sorgen dafür, dass man nicht von lästigen Tieren gequält wird. Ich meine die Tiere, die allein durch ihre bloße Anwesenheit Menschenquäler sind.", sage ich.

„Was killst du denn?", fragt Basti.

„Nach Jahreszeiten. Im Winter wohl eher Ratten. Im Moment habe ich mich auf Schnecken spezialisiert. Derzeit der Saisonschlager. Die jage ich in den Morgenstunden. Frühsport in Gärten von reichen Leuten sozusagen. Bezahlung pro Schneckenleiche. Da kommt an guten Tagen einiges zusammen", erkläre ich und füge hinzu: „Ich bin einer der besten. Manche Kunden fragen extra nach Knut.

„Wieso jagen? Die musst man doch nur einsammeln, so langsam, wie die sind", bemerkt Kalle. Der hat keine Ahnung. Das muss ich nicht weiter kommentieren.

„Schreibst du nichts mehr für Günther?", fragt Basti.

„Geh mir bloß weg mit Günther", sage ich.

Während wir uns interessiert anschweigen, werfe ich Dartpfeile nach Nacktschnecken, die im Biergarten über den Rasen kriechen. Manchmal treffe ich. Ich werde dem Lokal demnächst für die erledigten Schnecken eine Rechnung schreiben. Die dürfen auch in Naturalien bezahlen, mit Bier, Frikadelle und Kartoffelsalat.

Flyball

Endlich Wochenende. Nach der ganzen Schufterei wird's Zeit, dass ich mich wieder um mein Privatleben kümmere. Meine ganzen Facebook-Freunde habe ich in letzter Zeit vernachlässigt. Dabei sind Freunde unglaublich wichtig. Das muss der Fred noch lernen, wohin das führt, für seine Freunde nicht da zu sein. Wenn der so weiter macht, wird er noch als MoF enden, als Mann ohne Freund. Davon gibt es jede Menge, sagt Simone. Die muss es wissen, hat schließlich einen MoF zu Hause. Wer will schon mit einer Abrissbirne befreundet sein? Na egal, sie wollte es nicht besser haben. Ich bin jedenfalls total beliebt bei meinen Facebook-Freunden. Oh Mann, bin ich beliebt!

Bei Georg Clooni spielt der Nachrichtenanzeiger auf Facebook sichtlich verrückt. Er zählt und zählt und zählt. Unglaublich, wie viele Freunde ich habe. Demnächst überhole ich bestimmt Shakira. Ich brauche unbedingt einen Social-Media-Manager. Wer soll sonst diese vielen Nachrichten beantworten? Das schafft kein Mensch, nicht einmal ein Arbeitstier wie ich schafft das.

Als Georg Clooni ist man immer Gesprächsthema. Wohl auch deswegen, weil der Clooney mit seinen Drehtagen zum Film „The Monuments Men" Hollywood-Feeling nach Goslar gebracht hat. Durch Clooney hat die Rentnerstadt für ein paar Tage die „Zeit des Erwachsens" durchlebt. Endlich mal wieder ein historischer Moment seit Heinrich III. Da wird Goslar noch in tausend Jahren drüber sprechen. Dumm gelaufen, dass am Ende die Goslarer Szenen rausgeschnitten wurden. Aber immerhin soll es jetzt auf der Speisekarte der Steinbergalm einen

Clooney-Salat geben. Das hat nicht jedes Restaurant, so einen echten Clooney-Salat.

Die Stadt hat also mit dem Hollywood-Spektakel wirklich Glück gehabt. Hat ordentlich die Wirtschaft angekurbelt. Ansonsten hätte sie höchstens die Chance, in die Architekturgeschichte einzugehen. Ich persönlich würde dort die Drei-Wege-Architektur initiieren: Den Fahrrad- und Fußgängerweg und eine extrabreite Spur für die Rollatoren-Shopper. Umso länger ich darüber nachdenke, desto besser finde ich die Idee. Damit würde ich den Renault Traffic Future Award mit Sicherheit gewinnen und Renault einen neuen Markt eröffnen. Wo die Umsätze der französischen Autoindustrie derzeit in den Keller sausen, ist Knut die einzige Rettung für Renault. Der Konzern wird mit seiner neuen Produktlinie nicht nur die Rentnerstadt Goslar erobern, sondern gleich europaweit neue Maßstäbe setzen. Ich sehe sie schon vor mir: Die Rollatoren, made by Renault, designed by Knut Koopmann, auf Wunsch selbstverständlich mit Motor. Die Dinger dürfen bloß nicht zu schnell fahren, sonst flattern die Rentner an ihrem Rollator wie Fähnchen im Wind. Darum werde ich mich demnächst mal intensiv kümmern.

Vor ein paar Jahren wollte ich in Goslar einen Drachenfliegerkurs machen. Wer ein echter Sportler ist, muss das unbedingt ausprobieren. Den Spaß daran hat mir Simone verdorben. Die meinte, dicke Säcke könnten nicht fliegen, auch nicht mit Flügeln. Die hatte immer irgendetwas an mir rumzumeckern, nur wegen so ein wenig Übergewicht. Wie oft habe ich mich von ihr beeinflussen lassen, bin dann nicht zum Kurs und habe stattdessen ein paar Kneipen besucht? Wahrscheinlich hätte ich im Drachenfliegen jede Menge Erfolg gehabt und als Sportler der Stadt zu neuem Ansehen verholfen. Da kann einem die Stadt echt Leid tun, dass ich damals auf Simone gehört habe. Aber das ist zum Glück Vergangenheit.

Ich werde bei Facebook gleich ein paar Dinge posten, was ich als legendärer Georg Clooni alles Verrücktes in Goslar getrieben habe. Das bringt bestimmt weitere Fans.

Doch eigentlich ist das Wetter viel zu schön, um sich bei Facebook mit dem Schreiben von Nachrichten abzurackern. Mein künftiger Manager muss doch auch was zu tun bekommen. Nicht, dass ich die ganze Arbeit erledige und der sitzt nur da und dreht Däumchen. Außerdem wollte ich am Wochenende endlich alle Fünfe gerade sein lassen, nachdem ich letzte Woche so viele Nacktschnecken gesammelt habe.

Jawoll, ich schalte am besten den PC aus und bringe den Müll runter.

Einen Müllrunter-Bringer könnte ich noch zusätzlich zum Manager einstellen. Aber bis ich den gefunden habe, trage ich den Müll lieber selbst runter, bevor er stinkt. Auf dem Weg zum Mülleimer kommt mir aus der Wohnung im vierten Stock Stella von Schnallenberg mit ihrem Dackel entgegen.

Meine Nachbarin Chantal ist mir tausendmal lieber als die Stella-Schnalle. Außer einem arroganten „Gut'n Tag", kriegt die kein Wort über die Lippen. Die tut immer, als ob sie etwas Besseres sei. Dabei soll sie mal im Knast gesessen haben. Chantal hat das erzählt. Chantal muss es wissen. Auch wenn sie sonst nicht besonders gut informiert ist, über die Nachbarschaft weiß sie gut Bescheid. Der Ehemann der Schnalle soll laut Chantal eines Tages mit einem anderen Mann durchgebrannt sein. Mangels Mann hat sich die Schnalle vermutlich einen Dackel angeschafft. Besonders fröhlich schaut der allerdings nie aus, mit seinem Dackelblick. Wahrscheinlich findet der Hund sein Frauchen auch ziemlich blöd. Weil er das nicht sagen kann, leidet er wie ein Hund und bedarf dringend der Behandlung. Auch Hunde haben eine Seele.

Als Hundeheilpraktiker würde ich mich sehr gut eignen. Mit dem Nacktschnecken-Dart ist es ohnehin irgendwann saisonbedingt vorbei. Für die Wintermonate brauche ich eine neue Aufgabe, bis die Renault-Rollatoren am Markt eingeführt sind, vergeht sicherlich etliche Zeit.

Bevor ich eine eigene Hundeheilpraxis eröffne, müsste ich ein wenig üben. Eigentlich habe ich Angst vor Hunden, die größer als Kniehöhe sind. Ich werde mich spezialisieren. Auf Hupenhunde, also auf die, auf die ich ohne Anstrengung locker drauftreten könnte, maximale Größe bis Kniehöhe. Zum Eingewöhnen in meine neue Tätigkeit als Hundeheilpraktiker bräuchte ich allerdings etwas praktische Erfahrung.

Bis auf Detlef kenne ich niemanden mit Hund. Den Kontakt zu Detlef wollte ich eigentlich abbrechen, seitdem er unsere Freundschaft mit seiner Facebook-Ignoranz aufs Spiel gesetzt hat. Ich überlege einen Moment, ob ich die Kontaktsperre aufrechterhalten soll. Aber schließlich muss ich an mein Geld und letztendlich an mein Überleben in den Wintermonaten denken und in meinen Bauch passt ordentlich was rein. Kalte Räume, weil mir der Vermieter wegen unbezahlter Rechnungen die Heizung abstellt, kann ich auf den Tod nicht ab. Wenn die Hände vor Kälte zittern, lassen sich die Nachrichten meiner Facebook-

Freunde erst recht nicht beantworten und meinen Manager müsste ich während der Wintermonate in Kurzarbeit schicken. Also keinen falschen Stolz, wenn es ums Überleben geht. Ich schwinge mich aufs Fahrrad und radele zu Detlef. Der wohnt mit seiner dritten Frau in einem Reihenhaus. Warum der immer neue Frauen bekommt? Bestimmt nicht, weil er gut aussieht oder als Kassierer bei der Sparkasse viel Geld verdient. Aber das Leben stellt Fragen, auf die selbst ich keine Antwort finde.

Detlef hat wohl deshalb einen Hund, weil er bei seiner derzeitigen Frau nicht viel zu melden hat. Bei der Töle darf er wenigstens auch mal Alphamännchen sein. Der Hund hat als Übungshund genau die richtige Größe, reicht mir gerade bis zur Wade.

Detlefs Vorgarten sieht aus wie geleckt, alle Rasenkanten akkurat geometrisch ausgerichtet. Sicher haben sich hier ein paar fiese Nacktschnecken versteckt. Bei Gelegenheit werde ich ihm meine Dienste anbieten. Als ich bei ihm klingele, höre ich drinnen ein unangenehmes schrilles Kläffen, das mich sehr an die Stimme seiner ersten Frau erinnert. Wahrscheinlich trauert er ihr insgeheim noch hinterher und hat sich den Köter aus sentimentalen Gründen gekauft.

„Mensch, Knut, lange nichts vor dir gehört und nun du gleich persönlich hier!", grüßt mich Detlef sichtlich erfreut, „komm rein, meine Frau ist gerade beim Friseur."

Gerade beim Friseur heißt für mich so viel wie möchtest du ein Bier.

„Klar, du darfst mir ein Bier öffnen", sage ich.

Das Bier ist zwar nicht meine Marke und zudem auch noch alkoholfrei, aber besser als gar keins. Ab und zu isotonische Getränke soll recht gesund sein, wobei ich mich frage, wie die Menschheit früher überlebt hat, so ganz ohne isotonisches Bier.

Ich bin ja bekannt für den direkten Weg und frage gleich, ob Detlef mir seinen Hund leihen könnte. Ich wollte einfach mal ausprobieren, ob ein Tier zu mir passe und meine sportlichen Aktivitäten begleiten könnte.

„Seit wann treibst du denn Sport, Knut?", fragt Detlef.

„Wenn du mir den Hund leihst, seit heute", antworte ich, „ich mach vor allem Frühsport wegen der Schnecken."

„Was für Schnecken?", will Detlef wissen.

Ich habe jedoch keine Lust auf Erklärungen. Schließlich ist Wochenende und irgendwann muss ich auch Freizeit haben.

„Erkläre ich ein anderes Mal. Ist jetzt zu kompliziert."

Detlef nickt verständnisvoll. Nach dem zweiten Bier darf ich mit dem schwarzen Mops abziehen. Heute Abend soll ich ihn zurückbringen.

Kaum hat dieser den aufgeräumten Vorgarten verlassen, setzt die hinterhältige Töle sich auf die Hinterbeine und verfällt in eine unbewegliche Starre. Alles Ziehen und Zerren an der Leine hilft nicht. Die reinste Sitzblockade serviert mir dieses Vieh und schaut mich mit den dunklen Knopfaugen gehässig an. Ich weiß genau, warum ich Hunde nicht ausstehen kann. In meiner Hosentasche habe ich noch ein halbes, aufgeweichtes Duplo. Das werfe ich dem Mops vor die Füße.

Endlich steht das Tier auf, schnuppert an der Schokolade und tritt mit seinen Füßen drauf. Nicht nur gehässig das Tier, auch noch in Punkto Fressen völlig verzogen. Der Mops braucht dringend eine Therapie, dem juckt das Fell, dafür muss ich kein Tierheilpraktiker sein, um das zu erkennen.

Ich habe mich natürlich im Vorfeld gut informiert. Therapiebedürftige Hunde müssen sich körperlich richtig auspowern. Danach sind sie besonders leicht dressierbar. Also erst die Pflicht und im Anschluss die Kür mit Knut. Auf dem Pflichtprogramm für den Mops steht zunächst der Hundetrainingsplatz.

Ich zerre das schwarze Vieh auf eine eingezäunte Wiese und drücke fünf Euro Platzgebühr ab, weil ich kein Mitglied im Hundeverein bin. Aber wenn die anderen Hundebesitzer hier sehen, was für ein guter Hundetherapeut ich bin, werden sie mich sofort für ihre Köter engagieren.

Die sind bestimmt alle therapiebedürftig, wahrscheinlich Herrchen und Frauchen auch. Kein normaler Mensch verbringt freiwillig seine Freizeit auf einem Hundetrainingsplatz.

Als Hunde-Herrchen-Frauchen-Heilpraktiker habe ich die fünf Euro Platzgebühr locker wieder drin. Blöd von mir, dass ich nicht an Visitenkarten gedacht habe.

In den USA ist Flyball als Wettkampfdisziplin im Sport angesagt. Da soll der Hund über Hürden springen, mit der Pfote aus einer Box einen Ball rausploppen lassen, diesen fangen und ab geht die Luzie! Was das Ganze soll, habe ich nicht kapiert. Muss ja keinen Sinn machen. Wenn so ein Detlef einen Mops besitzt, macht das auch keinen Sinn. Ich habe vergessen, nach dem Namen der schwarzen Töle zu fragen.

Deshalb hole ich mir am Kiosk eine Flasche richtiges Bier und verschwende ein paar Tropfen an den Mops.

Sparsam bespritze ich ihn und erkläre feierlich: „Hiermit taufe ich dich auf den Namen Vogel." Das schießt den Vogel ab: Ein Tiername für ein Tier. Mein Mathelehrer in der Grundschule hieß Vogel. Der konnte mich nicht leiden, weil ich nicht so gerechnet habe, wie er wollte. Ich habe mich noch nie manipulieren lassen, selbst als Grundschüler nicht. Den Mops kann ich ebenfalls nicht sonderlich gut leiden, insofern passt der Name prima.

Deutschland hinkt den Amis immer hinterher. Darum ist auf dem Hundetrainingsplatz kein einziges Gerät vorhanden, dass auf eine Hürde für Flyball hindeutet. Der Mops Vogel zerrt an der Leine und geifert nach einer Neufundländerdame, dazu kläfft er penetrant wie Detlefs erste Frau.

„He, nehmen sie ihr läufiges Riesentier an die Leine!", rufe ich mutig dem Herrchen zu und bekomme Angst vor dem vermutlich bissigen Hund. Dass so was als Hund durchgeht, das sieht eher wie ein Pferd aus.

„Der Hund ist nicht läufig und außerdem ein Rüde. Sehen Sie lieber zu, dass dieses Kleinvieh vom Platz verschwindet!", keift der Typ zurück.

Normalerweise wäre ich losgegangen und hätte ihm eins in die Fresse gehauen. Doch mit dem Hunde-Pferd als Trumpf in der Hinterhand sind die Mittel ungleich verteilt. Ich besinne mich auf meine geistige Größe und habe es als einer der beliebtesten Facebook-Nutzer gar nicht nötig, mich mit kleingeistigen Hunde-Pferdebesitzern abzugeben.

Da der Vogel nicht laufen will, nehme ich ihn notgedrungen auf den Arm und gehe erhobenen Hauptes vom Platz und rufe dem Hunde-Pferdbesitzer zu: „Haben Sie zufällig eine Schneckenplage im Garten?"

„Ja. Wieso?", fragt der.

Ich lächele überlegen und ziehe von dannen. Der Hund stinkt und auf der nächsten Wiese setze ich ihn ab. Als Hundeheilpraktiker werde ich mich an den Gestank gewöhnen müssen. Die gestörten Hunde mit ihren noch mehr gestörten Besitzern sind mein Kapital und Geld stinkt bekanntlich nicht. Aus einem Papierkorb hole ich eine Zeitung hervor und knülle sie zu einer Art Kugel zusammen.

„Vogel, aufgepasst!", sage ich zum Mops, der mich nicht sonderlich intelligent anstarrt.

Mangels Flyball-Utensilien wird nun improvisiert. Mit Phantasie ist das kein Problem und davon habe ich jede Menge. Von der Phantasie, meine ich, Probleme natürlich auch.

Ich werfe die Papierkugel in die Luft: „Fang, Vogel!" Nichts passiert. Der Vogel sitzt auf seinen Hinterbeinen und bewegt sich nicht. Wie ein Profi-Fußballer kicke ich jetzt die Papierkugel mit dem Fuß und fordere dieses schwerfällige Tier erneut auf, die Zeitung endlich zu fangen. Auch nach dreiunddreißig weiteren Versuchen hat sich der fiese Mops keinen Zentimeter bewegt. In mir stauen sich langsam Aggressionen auf. Die Papierkugel werfe ich entnervt in den Papierkorb. Richtig wütend werde ich als dieser therapie-resistente Köter nun versucht, in mein Hosenbein zu beißen. Es reicht! Wutentbrannt trete ich nach dem Tier und mein Fuß landet zufällig direkt in seinem Gesicht. Der Vogel quiekt einmal hysterisch auf, rollt sich über den Rasen und winselt. Ich inspiziere das Tier und finde, es grinst mich irgendwie unverschämt an. Mann gut, dass es bereits eine platte Schnauze hat. Sonst würde mich Detlef für die eingedrückte Nase verantwortlich machen und mich verklagen. Jemand, der Geld in einer Sparkasse sortiert, hat bestimmt eine Rechtsschutzversicherung und scheut keine Prozesskosten.

„Wehe, du sagst was!", ermahne ich den Vogel. Doch der zeigt mir nur sein Hinterteil. Ich kaufe ihm als Entschädigung für die Entgleisung meines Fußes beim Schlachter eine Bockwurst. Selbst die will die Töle nicht, so beleidigt ist er wegen des kleinen Tritts. Der kann froh sein, dass ich in Deutschland demnächst nicht Flyball, sondern Mopsball einführe. Ein Mops würde einen super Ball abgeben.

Mir schmeckt die Bockwurst. Schmatzend ziehe ich das beleidigte Tier hinter mir her und gebe es eine halbe Stunde später bei Detlef ab. Detlef tätschelt dem Mops zur Begrüßung den Kopf. In dem Moment als Herrchen ihm einen sichtlich lieb gemeinten Nasenstüber verpasst, heult die Töle auf. Ich kann mir ein Grinsen irgendwie nicht verkneifen.

„Na, ich seh schon", sagt Detlef, „ihr habt sicher euren Spaß gehabt. Willst du einen Kaffee?"

„Aber immer doch! Besonders nach der tollen Wurst!"

„Welche Wurst?", fragt Detlef.

„Vergiss es", sage ich. Und den Hundeheilpraktiker vergesse ich am besten schnell. Ich bin schließlich nicht als Hunde-Samariter auf die Welt gekommen. Vielleicht gründe ich die erste Mopsball-Mannschaft in Europa.

„Ganz oben ist irgendwann zu Ende,
bei ganz unten bin ich mir nicht so sicher." (KK)

Jagdfieber

Freizeit ist angesagt. Die habe ich mir nun mehr als verdient. Schön entspannt, dachte ich. Falsch gedacht, keine Entspannung. Stattdessen liegt eine Mega-Stress-Tour hinter mir. Am Mittwoch vor Himmelfahrt hat sich die ganze Bundesrepublik auf der A44 versammelt.

Da zahlen sie alle schön brav ihren ADAC-Beitrag und wenn der Verein für ihr Geld Stauwarnungen postet, ignorieren sie es. Die sind wahrscheinlich alle Internet-Verweigerer, angeblich weil sie ihre Daten nicht outen wollen. Aber schön das Navi im Auto, damit man sie überall orten kann. Da hören sie auf, an den Datenschutz zu denken. Es gibt ohnehin zu wenig Menschen, die denken. Ich denke ständig, gern an mich. Und natürlich an Simone. An Simone musste ich gestern Vormittag lange denken. Besonders musste ich über eine Strategie nachdenken, wie ich sie dazu bekomme, dass sie mir ihr Auto leiht. Das erforderte höchste Schauspielkunst. Zum Glück bin ich auf diesem Gebiet überdurchschnittlich begabt.

Ich bin in der Theatergruppe meiner Schule gewesen. Tosenden Applaus hat es gegeben für meinen Auftritt als Hänsels Vater bei der Weihnachtsaufführung von Hänsel und Gretel. Ich war wohl sieben oder acht und habe einen ganzen Satz gesagt: „Hänsel und Gretel fressen uns alle Haare vom Kopf." Und dann habe ich meine Mütze abgenommen und das Publikum sah eine Glatze. Das hat die Zuschauer begeistert. Kein Mensch hat nach der Aufführung über die Hauptdarsteller von Hänsel, Gretel und der Hexe gesprochen, nur über Knut. Kein Wunder, war ja beste Schauspielkunst.

Wäre ich nicht ein erfolgreicher Journalist geworden, hätte ich einem Hugh Grant jede Rolle streitig gemacht. Der hat echt Glück gehabt. Sonst müsste der heute Taxi fahren und sich mit schlecht bezahlten Nebenrollen im drittklassigen Boulevardtheater zufrieden geben.

Simone habe ich jedenfalls davon überzeugen können, dass ich wegen einer immens wichtigen Tierschutzaktion ins Sauerland zum Förster fahren müsste.

Sie ist sehr tierlieb. Tagelang hat sie damals geheult, als ihr Kanarienvogel eines Tages tot von der Stange fiel. Sie hatte für meine originelle Tierschutzaktion vollstes Verständnis. Sie hat nicht mal weiter nachgefragt, was es für eine Aktion überhaupt sein soll, so überzeugend war ich. Vom Mops und den Schnecken habe ich besser nichts weiter erzählt.

Auf der A44 bin ich viele Stunden unterwegs gewesen und mangels Navi hat das Suchen des Forsthauses etwas länger gedauert. Ziemlich lange sogar. Ganze drei Stunden bin ich durch den Wald gefahren. Der reinste Dschungel ist das im Sauerland. Da könnte mal jemand aufräumen. Selbst der Verfassungsschutz hätte mich in dem Dickicht nicht gefunden. Denen habe ich ein Schnäppchen geschlagen. Ich lass mich doch in meiner Freizeit nicht übers Navi ausspionieren. Geht doch keinen was an, wann ich wo bin.

Der Förster-Norbert hat sofort gesehen, dass ich auf dem Weg zu ihm fast verdurstet bin. Das Bier hatte er zum Glück vorgekühlt.

Nun sitze ich auf seiner Forsthausveranda und gucke in den Wald, während er Wildgulasch in der Küche vorbereitet. Ein Krach ist das hier. Diese Vögel nerven, vor allem die Buntspechte mit ihrem rücksichtslosen Gehämmer und das Gekeife von einem Kauz. Ich hätte nicht geglaubt, dass es in einem Wald so laut ist. Selbst auf der Startbahn des Hamburger Flughafens hätte ich heute Abend meine knapp bemessene Freizeit ruhiger verbringen können.

Gegen zweiundzwanzig Uhr und einer gehaltvollen Mahlzeit meint Norbert: „Zeit fürs Bett. Morgen um halb vier ist die Nacht zu Ende. Hast du festes Schuhwerk und eine dicke Jacke dabei?"

„Klar, ich hab die Hunter-Gummistiefel, Jacke und eine grüne Baseballkappe dabei. Die perfekte Tarnung."

„Gut. Hier ist eine Taschenlampe. Die brauchen wir vielleicht auf dem Fußweg", sagt Norbert.

Ich hoffe, der Fußweg ist nicht allzu weit. Die Gummistiefel habe ich mir von Kalle geliehen und der hat eine Nummer kleiner als ich.

„Mensch, eine richtige Walther-Taschenlampe", sage ich. Mit Taschenlampen für die Jagd kenne ich mich aus. Schließlich habe ich mich im Vorfeld über Jagdzubehör informiert. Mein journalistischer Spürsinn lässt sich nicht verleugnen, immer auf der Jagd nach Informationen. Wenn ich wieder zu Hause bin, ruf ich gleich beim Jagdmagazin Pirsch an. Für die Zeitschrift könnte ich gleich die Titel-Story schreiben.

„Was jagen wir eigentlich?", frage ich.

„Schwarzwild. Ein Bauer befürchtet, dass ihm eine Horde die Maisernte vernichten wird. Da werden wir sehen, ob uns was vor die Flinte läuft."

„Ah, Wildschweine. Alles klar. Waidmannsheil!", antworte ich und verziehe mich ins Gästezimmer. Die Headlines für meine nächsten Artikel fallen mir kurz vor dem Einschlafen ein: Ein guter Tag zum Sterben, du Schnecke!

Und: Stirb langsam, Keiler! Das ist richtig guter Journalismus, direkt vor Ort, an den Original-Schauplätzen Garten und Maisfeld.

„Knut, aufwachen!"', dröhnt eine Stimme an mein Ohr.

„Wie spät?", frage ich schlaftrunken.

„Drei Uhr! Auf, auf, Zeit für die Jagd!" Norberts Stimme ist ohnehin sehr laut und morgens um drei besonders.

„Du hast gesagt, um halb vier."

„Ja, um halb vier los!", ruft Norbert.

Ich quäle mich aus dem Bett, ziehe mich an und trotte eine halbe Stunde später in den zu kleinen Hunter-Gummistiefeln und Tarnkleidung hinter Norbert her. Die Taschenlampe habe ich in der morgendlichen Hektik vergessen. Ich stolpere mehrmals über den Unrat auf dem Waldboden. Dieses ganze Gestrüpp, schrecklich!

„Norbert, du musst hier mal aufräumen", sage ich.

„Pscht! Hier wird nicht gesprochen", flüstert Norbert.

Geht doch, er kann tatsächlich leise sprechen. Das hat er mit Absicht gemacht, mir morgens um drei laut ins Ohr zu brüllen. Ich habe Glück, dass er ziemlich weit von Hamburg wegwohnt. Wenn er mich jeden Tag so anbrüllen würde, wäre ich seit langem schwerhörig. Zu Hause werde ich wohl erst mal einen HNO-Arzt aufsuchen müssen, der meine Hörfähigkeit prüft. Die hat vielleicht schon gelitten, von diesem Lärm im Wald und Norberts lauter Stimme.

Ich weiß nicht, wie lange wir bereits durch die Finsternis stiefeln, aber endlich entdecke ich einen Hochsitz. Wurde verdammt Zeit! Meine Füße schmerzen. Kalle hätte beim Kauf seiner Hunter-Gummistiefel ruhig meine Schuhgröße berücksichtigen können. Ein richtiger Kumpel denkt auch an andere. Dagegen zeigt sich Norbert auf dem

Hochsitz als wahrer Kumpel. Er hat eine Thermoskanne mit Kaffee dabei und reicht mir eine Tasse. Als ich danke sagen will, legt er den Finger als Zeichen des Schweigens über seine Lippen. Das kapiere ich sofort und halte meine Klappe.

Gerade führe ich den heißen Kaffee an meine Lippen, da stößt Norbert mich in die Seite. Vor lauter Schreck verschütte ich den Kaffee über meine Hose. Vor meinen Augen sehe ich die Sternchen funkeln. Ein Schmerz durchfährt mich. Fast kommen mir die Tränen.

Ich werde nie wieder Sex haben! Nie mehr Sex, weder mit der bebrillten Alex, mit der dicken Paula. Auch nicht mit Katharina oder Chantal und erst recht nicht mit Simone. Nicht zu vergessen meine attraktive Schwägerin. Mein Schniedel ist gar und wahrscheinlich so knusprig, dass er bei den Chinesen als neue Peking-Variante durchgehen würde. Ich blicke Norbert hasserfüllt mit schmerzerfülltem Gesicht an. Doch der stiert bewegungslos durch sein Fernglas.

Norbert hat nicht die leiseste Ahnung, wie das ist, wenn man keinen Sex mehr haben kann. Der hat schön seine Elena, die ihn jedes zweite Wochenende besuchen kommt. Und ich?

Ich werde all die Frauen nicht mehr beglücken können. Ich hatte zwar außer mit Simone mit keiner der genannten Frauen je Sex, aber es hätte sich durchaus was die nächsten Wochen entwickeln können. Ich war sozusagen kurz davor und nun verpasse ich den besten Sex meines Lebens, weil mir wegen eines blöden Wildschweins der Schwanz verbrüht wurde. Meinetwegen kann die Sau das komplette Maisfeld ratzekahl leerfressen.

Norbert zeigt Richtung Feldrand. Da bewegt sich was. Langsam lässt der Schmerz nach. Wenn wir zurück sind, werde ich mir gleich den Schaden ansehen. In der Dämmerung werde ich hier ohnehin keinen Verbrennungsgrad erkennen können. Routiniert legt der Förster-Norbert das Gewehr an und zielt. Ein ohrenbetäubender Schuss löst sich und einen Atemzug später höre ich ein Quieken. Vielleicht ist es auch Tinnitus. Jetzt kriege noch Tinnitus dazu. Wahrscheinlich werde ich nach meiner Rückkehr direkt ins Hamburger Universitätskrankenhaus eingeliefert.

Norbert braucht viel Erspartes, wenn er wegen Körperverletzung Schmerzensgeld an mich zahlen muss. Ich bin quasi berufsunfähig, weil ich keine Interviews mehr führen kann.

Wenn ich einen Minister interviewe, müsste ich bei jeder seiner Antworten nachfragen: „Hä? Können Sie das bitte wiederholen!" Völlig peinlich wäre das. Ich habe bislang keinen Politiker interviewt und werde es niemals tun können. Norbert, der Wald und das tote Schwein da unten haben meine hoffnungsvolle Karriere zerstört. Kein Hörgerät der Welt wird bei mir den entstandenen Schaden ausgleichen können. Vorbei!

Ein einziges Mal will ich es an einem Vatertag schön entspannt haben, fahre ins Sauerland und komme als Fall fürs Pflegeheim zurück. Bier trinken mit Kalle und Basti wäre eindeutig besser und zudem gesünder gewesen.

„Komm, wir gehen runter!", fordert mich Norbert mit einer Selbstverständlichkeit auf, als wäre es für einen Invaliden wie mich das Einfachste von der Welt, die Hochsitzleiter runterzusteigen. Ich beiße die Zähne zusammen und schaffe es. Wir nähern uns behutsam dem tierischen Feind.

Das dicke Schwein liegt am Boden. Uns trennen drei Meter von dem Tier.

Herzinfarkt! Nicht das Schwein! Ich! Diese Sau hat nur tot gespielt. Sie rappelt sich auf und springt auf mich zu. Eine Kugel saust am Ohr vorbei. Ich sehe Schwarz. Endlose Stille.

Aus Ferne höre ich Norberts Stimme: „He, aufwachen! Sie ist tot!" Darüber, dass ich fast Opfer eines Wildschweins geworden wäre, geht er kommentarlos hinweg.

„Ich will schlafen", stöhne ich und bewege behutsam meine Finger. Alle dran, keiner abgebissen. Langsam erhebe ich mich. Norbert zückt sein Handy und ruft jemanden an, der kommen darf, um das Tier aufzubrechen. Wahrscheinlich den Besitzer des Maisfeldes.

„Möchtest du es dir ansehen, wenn es aufgebrochen wird?", fragt er mich.

„Nee, muss nicht sein", antworte ich.

Norbert guckt sich interessiert meinen Kaffeefleck auf der Hose an.

„Das ist Kaffee", sage ich.

„Aha", sagt er.

„Vorhin auf dem Hochsitz", sage ich.

„Aha", sagt er wieder und schweigt. Soll er denken, was er will.

Zurück im Forsthaus tischt Norbert ein Wildschwein-Frühstück auf: Wildschwein-Salami, Wildschwein-Pastete, dazu knackige Brötchen und Kaffee. Ein totes Wildschwein ist ein gutes Wildschwein, besonders als Brötchenbelag. Da teile ich die Freuden von Obelix.

Inzwischen habe ich wieder meine eigenen Turnschuhe und meinen Jogginganzug an. Mein Allerwertester sah zwar noch gebrauchsfähig aus, aber eine enge Jeans wäre heute bestimmt nicht die richtige Kleidung für ihn. Auch den Rest des Tages verbringen wir mit Essen. Gegrillte Wildschwein-Bratwürste ohne Ende. Das hatte schon was.

Als ich bei Simone am nächsten Tag den Wagen abgebe, fragt sie mich: „Hast du vollgetankt?" Ich sage nichts.

„Knut, du hast den Wagen vollgetankt bekommen", sagt sie einen Deut zu laut.

„Ich tanke das nächste Mal voll", sage ich.

„Es wird unter diesen Umständen kein nächstes Mal geben", antwortet Simone.

„Das ist wieder typisch. Wie soll ich denn den Wagen volltanken, wenn du ihn mir nicht gibst?", kontere ich.

„Du hättest ihn heuuuute volltanken sollen!", schreit sie mich an.

„Geh und schrei deinen Klaus-Eckbert an!", schreie ich zurück, „mich schreist du nicht mehr an! Diese Zeiten sind endgültig vorbei!"

Ich werfe ihr den Schlüssel vor die Füße und gehe. Ich werde Klaus-Eckbert demnächst einen Strauß Blumen schicken, aus Dankbarkeit, dass er die genommen hat, diese hysterische Kuh. Oder er bekommt einen Gutschein zum Waxen. Sein Rückenhaar wächst ja schnell nach. Mal sehen.

Am Sonntag bekomme ich endlich die wohlverdiente Entspannung. In Meditation versunken sitze ich mit vierzehn anderen schreienden Kindern um einen Teich am Forellenhof. Heute ist hier Kinderangeln. Also nicht ich angele Kinder, sondern Kinder dürfen angeln.

Auf das Restaurant bin ich über Facebook gekommen. Nach fast einer Stunde im Chatroom konnte ich den

Besitzer überzeugen, dass ich im Grunde meines Herzens immer noch ein Kind bin. Wahrscheinlich war er von mir so genervt, dass er am Ende eingewilligt hat. Für einen Zehner darf ich aus dem Teich bis zu vier Forellen rausholen. Die Fischjagd ist tausendmal netter und vor allem ruhiger als die Wildschweinjagd. Nach einer Stunde habe ich das Limit erreicht. Vier dicke Forellen überreiche ich dem Koch des Restaurants in meinem Eimer. Lebend. Ich breche die nicht auf und puhle die Gedärme raus. Ich kann zwar jede Menge, aber eine solche OP mit Todesfolge sind beim besten Willen nicht mein Thema. Schon gar nicht, wenn der Patient größer ist als eine Schnecke.

„Morgens glaube ich, dass der Tag scheiße wird, abends weiß ich es dann." (KK)

Polster

Ja, ich hab's gemacht. Ich habe dem Klaus-Eckbert tatsächlich einen Strauß Rosen geschickt. Mit einer dicken Dankeschön-Karte, dass er mir meine Last, die Simone, abgenommen hat. Man muss sich auch mal erkenntlich zeigen. Mit diesem Verhalten der Nächstenliebe hat er bei mir einen dicken Pluspunkt gesammelt. Das ist allerdings der einzige Pluspunkt, der mir zur Abrissbirne einfällt. Aber immerhin, andere Menschen haben überhaupt keine Pluspunkte, Günther zum Beispiel. Der tut sich vor allem durch Minuspunkte hervor.

Der Gedanke an Günther mit seiner schlechten Zahlungsmoral wird durch das Klingeln des Telefons verdrängt. Simone ist am Apparat. Jedenfalls nehme ich an, dass es Simone ist, denn ich höre nur Geheule.

„Simone, bist du es? Was ist denn los?", frage ich hilfsbereit und zeige ihr damit, dass ich durchaus verzeihen kann. Auch wenn ihr letzter Auftritt in Bezug auf ihr Auto alles andere als bühnenreif war. Das ist mein fürsorgliches Naturell. Ich fühle mich für sie verantwortlich, obwohl wir schon mehrere Jahre geschieden sind. Auch ihr regelrechter Geiz seit ihrer Beziehung zur Abrissbirne hat daran nichts geändert. Übertriebene Sparsamkeit und Geldgier bleiben in einer Beziehung mit permanenter Goldgräberstimmung halt nicht aus. Wenn Klaus-Eckbert bei seinen Patienten irgendwann nur noch nicht recycle-fähige Kunststoffimplantate und kein Gold mehr für sich findet, ist es aus. Vorbei mit dem Leben als Dagobert.

Dann bleibt ihr Kühlschrank leer. Einen leeren Kühlschrank hätte Simone auch bei mir haben können.

Endlich scheint sich Simone etwas zu fangen.

„Er betrügt mich", schluchzt sie.

„Wer? Dein Mann?", frage ich.

„Wer denn sonst? Oder denkst du mein Liebhaber?", jammert sie weiter. So verwerflich finde ich den Gedanken überhaupt nicht. Wenn ich als Frau mit einem Klaus-Eckbert zusammen wäre, hätte ich auf jeden Fall einen Liebhaber. Man braucht schließlich auch mal was Schönes im Leben.

„Woher weißt du das?", frage ich.

„Na, die Blumen", antwortet sie.

„Welche Blumen?", frage ich.

„In Klaus-Eckberts Praxis", heult sie, „seine Mitarbeiterin sagte mir, der Strauß wäre heute gekommen."

Ich kläre Simone nicht auf. Soll die Abrissbirne ruhig erleben, wie es ist, wenn Simone sauer ist. Ich hatte jahrelang diesen Stress mit ihr.

„Simone, vielleicht war das lediglich ein Dankeschön von einem Patienten, dem Klaus-Eckbert liebevoll die Zähne rausgerissen hat."

„Blödsinn. Rote Rosen von einem Patienten."

„War denn keine Karte bei?", frage ich.

„Nein." Simone schluchzt wieder.

Ich werde nachher den Blumenladen anrufen. Da gebe ich fünfzehn Euro für einen Strauß aus und die vergessen, meine Karte beizulegen.

Unter diesen Umständen trete ich von dem Kaufvertrag zurück. Ich hole am besten auch die Rosen aus der Praxis und gebe sie zurück.

Meine Dankbarkeit gegenüber der Abrissbirne ist im Moment gar nicht mehr so ausgeprägt wie noch vor ein paar Stunden. Ich kann es nämlich nicht ertragen, wenn jemand meine Simone zum Weinen bringt.

„Simone, soll ich dich trösten?", frage ich mit hoffentlich zärtlicher Stimme.

„Wie denn?", fragt Simone.

„Ich könnte mit dir schlafen", sage ich aufmunternd.

Sie sagt nichts.

„Ganz uneigennützig. Aus reiner Kameradschaft. Weil der Klaus-Eckbert dich so verletzt hat", ergänze ich. Simone schweigt weiter. Sie schluchzt nicht mehr.

„Simonchen, was meinst du? Du wirst sehen, danach ist alles wieder gut", sage ich.

Simone antwortet nicht. Ich merke, sie hat aufgelegt. Früher ist sie nicht derart unhöflich gewesen. Ich werde nie wieder Mitleid mit ihr haben und meinen Strauß unter diesen Umständen bestimmt nicht abholen. Sollen sie ihre Ehestreitigkeiten doch unter sich ausmachen, anstatt völlig Unbeteiligte mitreinzuziehen. Ich habe wirklich wichtigere Dinge zu tun. Lebenswichtige Dinge wie einen Arztbesuch zum Beispiel. Nicht bei der Abrissbirne, sondern bei einem richtigen Arzt. Deswegen habe ich mich extra gesund von der selbst gejagten Forelle ernährt. Wegen der Blutwerte.

Als ich am Nachmittag im Wartezimmer beim Arzt sitze, fühle ich mich von Viren umzingelt. Wer bis jetzt nicht krank ist, wird es hier garantiert. Ich halte mir diskret meinen St.-Pauli-Fan-Schal vor die Nase. Ich dachte immer, selbst als größter St.-Pauli-Fan würde ich dieses hässliche Ding nicht tragen. Doch hier im Wartezimmer geht es letztendlich ums Überleben. Da fragt man in dieser Todesangst nicht nach modischem Chic.

Eine halbe Stunde später bin ich aus der Gefahrenzone raus. Mit einem geradezu erschütternden Ergebnis. Ich sollte Simone anrufen und sie fragen, ob sie wenigstens jetzt, wo ich kurz vor dem Exitus stehe, mit mir schlafen würde. Nur aus Mitleid. Doch selbst dieses letzte Verlangen würde sie mir nicht erfüllen.

Wenigstens die Telefonnummer von der Laufstegfigur Alex könnte sie mir geben. Die sah aus, als ob sie einem Todgeweihten seinen letzten Wunsch nicht abschlagen könnte. Eigentlich will ich mit Simone kein Wort mehr wechseln, aber eine Telefonnummer ist ja kein Wort. Ich sende ihr eine SMS. Sekunden später schickt sie mir Alex Nummer und schreibt dazu: „Verpiss dich!"

Nicht nur unhöflich, auch noch vulgär geworden, die Gute. Keinen einzigen genialen Glückwunschtext für ihre dämlichen Geburtstagskarten, die sie immer verschickt, bekommt sie mehr von mir. Die habe ich immer gratis für sie getextet. Das ist vorbei. Da muss sie mir demnächst schon einen guten Preis für meine Glückwunschtexte bieten.

Doch im Moment habe ich gar keine Zeit, mich mit den Befindlichkeiten meiner Ex-Frau zu beschäftigen.

Jetzt geht es um meine Gesundheit. Mein Arzt findet mich zu dick. In meinem schlecht beleuchteten Badezimmer fällt das gar nicht auf.

„Zehn Kilo abnehmen, das senkt ihre Blutfettwerte und den Blutdruck", schlägt er vor.

„Wie denn?", frage ich.

„Bewegung, weniger fett essen. Schließen sie sich einer Gruppe an, das motiviert", sagt der Arzt. Nun stehe ich vor der Entscheidung: Entweder ich lasse mein Fett da, wo es ist. Fett polstert die Falten und damit sehe ich deutlich jünger aus. Oder?

Der Vorteil des Dünnseins fällt mir nicht ein. Mit einem Körper, der vor lauter Falten einem Plisseerock gleicht, sinken bei den Frauen endgültig alle Chancen.

Ich will jedoch meinen guten Willen zeigen und biete meinem Arzt als Kompromiss fünf Kilo an. Mit Sport kann man eine Menge kaputt machen. Da muss ich verdammt aufpassen.

Mir scheint die Idee mit der Abnehmgruppe vernünftig. Ich gucke mir verschiedene Gruppen bei Facebook an. Aber hallo, jede Menge Frauen. Das ist da die reinste Kontaktbörse. Eine Gruppe ist direkt bei mir in der Nähe. Da rufe ich sofort an.

„Guten Tag, du bist mit der Minikalorie verbunden", begrüßt mich eine höchst angenehme Stimme, „du sprichst mit Elvira." Mensch, so'ne nette Stimme trägt so einen blöden Namen, denke ich und sehe unweigerlich die Schildkröte Elvira bei Kli-Kla-Klawitter vor meinen Augen. Die war allerdings dünn.

„Hier ist Knut", sage ich.

„Schön, Knut", sagt Elvira, „was können wir für dich tun?" Ich erkläre kurz, dass mir mein Arzt geraten hat abzunehmen.

„Willst du nachher vorbeikommen?", fragt Elvira.

Bei dieser Stimme will jeder Mann kommen. Ich melde mich spontan für ihr heutiges Gruppentreffen an. Das erste Schnuppertreffen ist gratis. Das höre ich gern.

Am Nachmittag sitze ich in einem hell erleuchteten Raum, der in einem Fitness-Studio untergebracht ist. Das machen sie mit Absicht. Richtig schön die Speckrollen ausleuchten, damit man ein schlechtes Gewissen bekommt und sich im Studio sofort anmeldet. Aber mit Gewichten trainieren kommt für mich auf keinen Fall in Frage. Das weiß jeder, dass ich dann spätestens in fünf Jahren neue Hüftgelenke brauche. Geht alles auf Kosten der Solidargemeinschaft. Da zeige ich mich echt solidarisch und verzichte auf die neuen Gelenke. Da können sich die Sportfanatiker eine Scheibe von mir abschneiden. Ich liege niemandem auf der Tasche. Sicher hat mich meine Krankenkasse deswegen sehr, sehr lieb. Warum verschicken die eigentlich keine Glückwunschkarten mit einem Dankeschön dafür, dass ich so wenig Kosten verursache?

„Das ist unser Neuzugang Knut", stellt mich die Gruppenleiterin der Abnehmtruppe vor. Die ist zu ihrer netten Stimme auch noch unverschämt schlank und scheint als Motivationsfaktor die Rolle der Animateurin innezuhaben. Außer mir ist ein weiterer Mann anwesend. Die anderen sechs sind Frauen weit jenseits der fünfzig.

Ich gucke mir die Frauen an. Hier gibt es nicht gerade einen Hauptgewinn. Wofür will diese Diätgruppe Minikalorie eigentlich im Monat sechzig Euro haben? Damit ich mir alte, dicke Frauen angucke? Für das Geld kann ich mich schön mit ein paar Püllicken Bier an den Strand setzen und die dicken Frauen in Badeanzug gibt es gratis dazu.

„Also, der Knut muss abnehmen, erzähl doch mal, Knut", fordert die Animateurin.

„Ich will nicht abnehmen", erkläre ich.

„Warum bist du denn hier?", fällt mir mein Geschlechtsgenosse vorwurfsvoll in den Rücken. Ich werfe ihm einen strafenden Blick zu.

„Mein Arzt will, dass ich abnehme. Fünf Kilo", erkläre ich. Fünf Kilo sind ein realistisches Klassenziel, nicht zehn. „Deshalb bin ich hier. Ich wollte das hier schnell erledigen."

Das muss hier wahrhaft schnell gehen. Am besten heute noch. Wegen der sechzig Euro. Dafür muss ich viele Schnecken jagen und die Saison ist nicht lang.

„Knut, du musst es wollen, nicht dein Arzt", belehrt mich eine grauhaarige Mitstreiterin. Das fängt hier ja gut an. Klingt nach einer esoterischen Selbsterfahrungsgruppe. Ich zucke hilflos die Schultern und bin der Animateurin dankbar, die die Wortführung an sich reißt.

Das Geblubber über Wohlfühlernährung rauscht an mir vorbei. Bislang konnte ich bei mir keinen Mangel feststellen. Ich fühle mich nach dem Essen immer wohl, besonders wenn ich ordentlich pappsatt bin. Da kann keiner von dem Anti-Fett-Club kommen und behaupten, Sattsein mache unglücklich.

„Bei den Feiertagen müssen wir eben konsequent sein", höre ich von der Dicken neben mir. Die anderen nicken ehrfurchtsvoll zu dieser Aussage, als ob sie gerade die Wiedergeburt von Sissi mit Wespentaille verkündet hätte.

„Ja", pflichte ich ihr bei, „ich bin sehr konsequent. Wenn der Detlef, also Detlef hat Glück, dass er noch mein Freund sein darf, obwohl er nicht bei Facebook ist, allein wegen seines Mopses und der hat einen Garten, ich meine der Detlef nicht der Mops." Ich mache eine Pause und sehe in fragende Gesichter. Nicht nur dick, auch noch dumm.

„Also", setze ich meine Ausführungen fort, „wenn ich bei Detlef feiertags zum Grillen bin, bin ich total konsequent. Ich sage, wenn er mich fragt, Knut, willste noch 'ne

108

Wurst, selbst beim fünften Schinkengriller konsequent ja. Ich war schon immer konsequent. Wenn ich zum Grillen eingeladen bin, will ich gegrillte Würste essen. Aus richtigem fettigen Fleisch und nicht eine nachgemachte, kalorienreduzierte Tofurolle. Das Eiweiß von Tofu bläht meinen Bauch nämlich immens auf. Nach einer Tofurolle sieht der aus, als ob ich einen Gymnastikball von fünfundachtzig Zentimetern Durchmesser verschluckt hätte. Ich reduziere meinen Bauchumfang allein dadurch, dass ich keine Tofurollen esse."

„Ach", sagt mein Geschlechtsgenosse, „das funktioniert?"

Ich nicke bestimmt. Die Animateurin mustert mich skeptisch. Hätte sie nicht gedacht, dass sie von mir was über das Abnehmen lernt. Die sechzig Euro Monatsbeitrag kann sie mir nachher gleich in bar geben, als Honorar für meine Dozententätigkeit im Minikalorien-Club.

Nach neunzig Minuten ohne Essen ist die Sitzung vorbei. Mensch, habe ich Kohldampf. Wenn ich über Essen rede, bekomme ich immer Hunger. Zu Hause gähnt mich wieder ein leerer Kühlschrank an. Ich melde mich telefonisch bei Basti und frage ihn, ob er was Gesundes in seinem Kühlschrank habe.

„Was ist denn mit dir los?", fragt er und seine Stimme klingt sichtlich überrascht.

„Ich bin in die Gesundheitsbranche eingestiegen und halte Referate über Ernährung. Das würde dir auch mal gut tun."

„Was?", fragt Basti.

Man gut, dass in den Behörden viele Menschen arbeiten, die nicht nur durch langsames Arbeiten, sondern auch durch langsames Denken glänzen. Da fällt der Basti nicht weiter auf.

„Gesunde Ernährung und Bewegung", kläre ich ihn auf.

„Aber ich habe Bewegung", protestiert Basti.

„Den ganzen Tag im Büro sich den Hintern von meinem Steuergeld platt sitzen ist kein Sport."

Im Hintergrund höre ich jemanden kichern.

„Wer ist denn bei dir?"

„Äh", räuspert er sich, „Paula."

„Stehst du auf Würste?", frage ich.

„Will Detlef wieder grillen?", fragt Basti. Seine Denkgeschwindigkeit kommt gerade gänzlich zum Stillstand.

„Vergiss es", sage ich und denke an die Fettrollen auf Paulas Hüften. Das ist jedenfalls wieder typisch. Ich sorge für einen schönen Abend mit Sterneküche und illustren Gästen zum Essen und was ist der Dank? Am Ende lassen sie mich mit dem Abwasch allein und für den Service der Partnervermittlung zahlen sie keinen einzigen Cent. Und wenn ich wie jetzt gerade Hunger habe, bekomme ich nicht mal ein Krümelchen von ihnen. Ich beende das sinnlose Gespräch.

Obwohl mein Bauch nicht danach aussieht, sollte da die nächsten zwei Stunden was rein. Unterernährung kann zu multiplem Organversagen führen. Dafür muss ich kein Medizinstudium absolviert haben, um das zu wissen.

Ich schreibe eine SMS mit den Worten: „Ich habe in letzter Zeit viel an dich gedacht. Hast du Lust auf ein Abendessen?" Die SMS geht an Alex, Simone, Chantal und Katharina, mal gucken, wer antwortet.

Trommelwirbel

Auf meine SMS reagiert Katharina nicht. Kein Wunder, wahrscheinlich täuscht ihre Tochter gerade eine Kinderkrankheit vor, damit ihre Mutter sich nicht mit einem Mann treffen kann. Kinder können da richtig fiese Strategien entwickeln, wenn sie ihre Eltern nur für sich haben wollen. Simone schreibt auch nichts. Das habe ich nicht anders erwartet. Und die Nachricht von Chantal heißt: Sehr lieb, aber ich habe gerade gekocht. Kannst bei uns mitessen, wenn du willst. Nach Familienidylle steht mir nicht der Sinn. Ich sage Chantal höflich ab und lobe sie dafür, dass ihre SMS ohne Rechtschreibfehler ist. Man muss seinen Mitmenschen hin und wieder ein Kompliment machen. Das baut sie auf.

Ich starre fast eine Stunde regungslos auf mein Handy. Mein Hunger wird immer größer. Endlich kommt eine Nachricht von Alex: Ich bin bereits verabredet, vielleicht ein anderes Mal. Männlich oder weiblich?, simse ich zurück und bekomme keine Antwort. Ich hätte wenigstens gern gewusst, wer mein Konkurrent ist. Egal, immerhin hat sie nicht gänzlich abgelehnt und der dürre Vogel freut sich wahrscheinlich über jedes Hühnchen, das man ihm gegrillt serviert. Da werde ich dranbleiben und demnächst einen neuen Versuch wagen.

Mit unbeschreiblichem Hunger und deswegen ziemlich entkräftet schreibe ich noch eine letzte SMS an Detlef. Ich frage ihn, ob seine Grillkohle zufällig jetzt glüht.

Detlef antwortet sofort: Sorry, das Einzige, was gerade glüht, sind meine Ohren, die meine Frau zutextet. Habe Krach mit ihr.

Das sehe ich natürlich ein. Eheterror verdirbt einem jeden Appetit. Damit kenne ich mich aus. Da ist nichts mit Würstchen grillen. Auch dann nicht, wenn ein Freund kurz vor dem Verhungern ist. Männer werden von Frauen ständig unterdrückt. Sogar ihre Freunde müssen sie verhungern lassen. Das reinste Matriarchat haben wir hier. Als ob das nicht reichen würde, verderben sie einem mit ihrer Zankerei völlig die Freude am Essen. Wenn ich an die Zeit mit Simone denke, da war ich total schlank. Wie gut, dass ich diesem Appetitzügler nicht mehr ausgesetzt bin.

Es hilft alles nichts. Ich werde mein Essen selbst organisieren und bezahlen. Ein Döner könnte bei Hunger schnell Abhilfe schaffen. Es müssen schließlich nicht immer Würstchen sein. Neue Wege erweitern das Bewusstsein.

Während ich den Döner esse, meldet sich mein Handy. Beim Annehmen des Gesprächs bekommt mein Display eine gehörige Portion Fett ab. Demnächst stelle ich eine Sekretärin ein. Eine, die erst mal im Vorfeld klärt, ob es sich lohnt, das Gespräch anzunehmen. Nicht, dass so ein Idiot von einer Firma anruft, die Displayreinigungsmittel herstellt. Das kennen wir doch. Die Industrie arbeitet mit allen Tricks, um ihren Absatz zu steigern. Die rufen mich glatt an, wenn ich Döner esse. Nur, damit ich das Display einfette und hinterher ihre blöden Reinigungstücher kaufe. Am Telefon meldet sich eine Dame von einer Grundschule. Sie sagt, ich hätte mich dort vor einiger Zeit beworben.

„Tut mir Leid", sage ich, „die Grundschule liegt hinter mir. Da habe ich bestimmt nicht um Aufnahme gebeten." Am Telefon wirke ich ja immer ziemlich jugendlich. Aber Grundschulalter nimmt mir beim besten Willen keiner mehr ab.

„Nein, nein", lacht sie verschmitzt, „Sie hatten sich doch für die Nachmittagsbetreuung beworben, musikalische Erziehung."

Da fällt es mir wieder ein. Die Bewerbung war noch aus der Zeit vor meiner erfolgreichen Karriere als Nacktschnecken-Jäger.

Neben Journalismus bin ich geradezu prädestiniert für die Musikerlaufbahn. In der Grundschule hatte ich im Block-Flöte-Spielen immer die Nase vorn. Besonders gut konnte ich „Leise rieselt der Schnee". Diese Nummer war damals Platz eins in den Charts bei den Weihnachtliedern meiner Grundschule. Tränen standen meiner Lehrerin Frau Gaulitz vor Rührung in den Augen, wenn ich dort so kraftvoll in die Flöte blies, dass die Spucke unten nur so raustropfte. Bleibt eben nicht aus. Schnee ist verdammt nass. Der rieselt nicht, der schmolz sozusagen dahin, wenn der kleine Knut seine musikalische Größe zeigte. Wer mit diesen Fähigkeiten ausgestattet ist, dessen oberste Pflicht ist die musikalische Erziehung von Grundschülern. Den kleinen Rotznasen beibringen, wie andere nach ihrer Flöte tanzen.

Aber hallo, die wollen demnächst keine einzige Rechenaufgabe mehr lösen. Nur noch Musik machen, bis auch die letzte Puppe tanzt.

Ich verabrede eine Probeunterrichtsstunde für den morgigen Nachmittag. Damit habe ich eindeutig weniger Zeit für die Nacktschnecken. Ich werde pro Stück bezahlt. Aber wenn ich jede gesammelte Schnecke einmal durchschneide, komme ich schon auf meine übliche Zahl und den entsprechenden Verdienst. Das merkt doch eh keiner. Wenn jemand meint, die Schnecken seien kürzer als sonst,

sage ich ihm, ich hätte ein regelrechtes Nest mit Schne-
ckenkindern ausgehoben. Da freut sich dann der Garten-
freund, dass ich ihn von der heranwachsenden Schneckenplage gerade in letzter Minute gerettet habe. Vor lauter
Dankbarkeit zahlen sie mir sicherlich ein fettes Trinkgeld.
Das sollte ich überhaupt immer so machen. Mit einer
höheren Ausbeute gibt es mehr Geld. Dass ich da nicht
schon eher drauf gekommen bin!

Sind die Schnecken erledigt, eile ich gleich zur Grundschule und kümmere mich um die nächste heranwachsende
Generation. Die Eltern werden mir ewig dankbar sein,
wenn ihre Sprösslinge ihren ersten Grammy gewinnen.

Am nächsten Morgen mache ich in fünf Gärten tatsächlich einhundertfünfzig Nacktschnecken den Garaus. Das
mal zwei, da ist demnächst ein romantisches Abendessen
mit der dürren Alex drin. Ja, da kann die sehen, dass ich
nicht nur ein großartiger Koch, sondern zugleich ein sinn-
licher Mensch bin.

Ich habe nämlich viel Sinn. Für alles Mögliche habe ich
Sinn. Besonders ausgeprägt ist mein musikalisches Gehör.
Als ich in den mit Gören gefüllten Gruppenraum komme,
könnte ich gleich wieder gehen. Dieser Krach vergewaltigt
meine Ohren. Das ist ja noch schlimmer als neulich auf
dem Spielplatz.

Die verantwortliche Lehrerin Regina, die mich begleitet,
brüllt allerdings um etliches lauter als die Gruppe. Die
zwölf Rotznasen sind innerhalb von Sekunden still.

„Kinder, Ruhe! Das hier ist der Knut. Der macht heute
mit euch Musik. Wir stellen jetzt alle Stühle im Kreis auf
und sind ganz, ganz leise!", sagt Regina in einem Ton, der
keine Widerrede duldet. Ich bin beeindruckt von ihrer

Autorität. Ich werde sie demnächst als Geldeintreiberin engagieren. Es ist nie verkehrt, wenn man Leute im Boot hat, die auch für die russische Mafia arbeiten könnten.

Während die Kinder stumm auf ihren Stühlen sitzen, verteilt Regina ein paar von den üblichen Kinderinstrumenten: Trommel, Rassel, Triangel, Xylophon. Mir gibt sie eine Mundharmonika in Miniaturformat. Die ist so klein, dass ich aufpassen muss, sie nicht aus Versehen zu verschlucken.

„So, ihr Lieben!", schreit Regina, obwohl es gar nicht nötig ist, in dieser Stille zu schreien, wahrscheinlich ist das ihre normale Lautstärke. „Ich lasse euch nun mit Knut allein. Und ihr macht schön Musik mit ihm!" Mit diesen Worten geht sie aus dem Raum. Als hätte er auf das Startsignal gewartet, springt ein dicklicher, rothaariger Junge auf und schlägt dabei völlig durchgeknallt auf seine Trommel ein.

Ein blondes, ebenfalls nicht besonders schlankes Mädchen, dem obendrein unappetitlich der Schnodder aus der Nase läuft, zieht gleich nach. Völlig talentfrei hämmert es auf dem Xylophon herum. Innerhalb von wenigen Sekunden entwickelt sich die Kinderschar zu einem lauten, gewaltbereiten Mopp. Ich hätte die Abrissbirne bitten sollen, mir ein Rezept für den Wirkstoff Methylphenidat auszustellen. Das soll bei ADHS beruhigend wirken und wäre eine Maßnahme, den Lärm hier abzustellen. Für das nächste Mal weiß ich Bescheid.

Ich presse mir die Miniaturmundharmonika an die Lippen und blase hinein, was die Lunge hergibt. Anstatt, dass mein Warngetröte Ruhe in den randalierenden Haufen bringt, steigen die Geräusche auf mindestens einhundertzwanzig Dezibel. Niveau der Kettensäge, aber die klänge melodischer als diese zwölf Rotznasen. Inzwischen macht jedes Kind mit seinem Instrument unkontrollierbaren Krach.

Okay, Schluss mit lustig! Bist du nicht willig, nehm ich Gewalt. Reihenweise entreiße ich jedem Kind seine lärmende Waffe und lege sie hinter meinen Stuhl. Wie bin ich dankbar, dass ich die letzten Jahre ohne meinen Appetitzügler Simone gelebt habe.

Hier steht nun kein mickriger, ausgehungerter Knut, den keiner ernst nimmt, sondern ein stattlicher Mann, eine Respektsperson! Mit der flachen Hand schlage ich auf den nächsten Tisch und schreie: „Ruhe! Wenn hier einer schreit, bin ich das!"

Tatsächlich. Es funktioniert. Augenblicklich habe ich die Lautstärke auf Null reduziert. Verängstigtes Schweigen liegt in der Luft. Ich lass mir doch nicht von zwölf unerzogenen Grundschülern meine neueste Einnahmequelle versauen. Ursprünglich wollte ich aus denen mal Grammy-Preisträger machen. Aber wenn die mir so kommen, versiegen meine pädagogischen Ambitionen. Dann reduziert sich die musikalische Erziehung genauso auf einen Job wie das Schnecken jagen. Bei der Horde ist mit Erziehung ohnehin nichts mehr zu machen. Die sind bereits völlig verzogen.

Ich gucke auf meine Uhr. Vierzig Minuten muss ich mit denen hier weiter rumkaspern. Wenn sie schon kein Instrument spielen können, sollen sie sich wenigstens mit Tanzen auspowern. Mit der Trommel zwischen den Beinen setze ich mich auf einen Kinderstuhl. Morgen habe ich bestimmt Kreuzschmerzen. Regina muss die Kosten für Schmerzmittel auf jeden Fall bei meiner Honorarabrechnung berücksichtigen.

Während ich beschwingt mit einer Hand auf die Trommel schlage und parallel in die Mundharmonika blase, merke ich, wie mich die Kinder gebannt anstarren. Geht doch! Warum nicht gleich so? Für einen Moment halte ich inne und sage im Flüsterton: „Pst! Alle herhören!" Wieder Stille.

Ich warte ein paar Sekunden. Dann lege ich ein Trommel-Solo hin, bei dem Phil Collins in Ehrfurcht erstarren würde. „Clap your hands!", rufe ich. Kein Kind reagiert. Die sind nicht nur unmusikalisch, sondern auch sprachlich völlig untalentiert. „In die Hände klatschen!", übersetze ich. Endlich haben sie begriffen. „Und von einem Bein auf das andere hüpfen!" Es funktioniert. Der Mopp hüpft und klatscht. Verstohlen werfe ich einen Blick auf die Uhr. Noch dreißig Minuten. Sie hüpfen und klatschen. Und klatschen und hüpfen. Natürlich nicht im Rhythmus meiner Trommel. Aber egal. Hauptsache, ich habe die Situation im Griff.

Nach gut fünfzehn Minuten setzen sich die ersten mit hochrotem Gesicht auf ihren Stuhl. Ich lasse sie. Da besteht Aussicht, dass sie vor Erschöpfung gleich einschlafen.

Als das Mädchen mit der Schnoddernase und der rothaarige Junge sich setzen wollen, rufe ich: „Halt! Weiterhüpfen!"

„Warum?", jammert das Mädchen, „die anderen dürfen doch auch sitzen."

„Dicke Kinder müssen länger hüpfen. Das hilft beim Kalorienabbau. Sonst müsst ihr demnächst zur Gruppentherapie und die Krankenkasse hat teure Abspeckkuren zu zahlen."

Die Kinder verstehen nichts, hüpfen jedoch brav weiter. Ich sollte an die entsprechenden Krankenkassen der Eltern eine Rechnung schicken. Mein Musik- und Bewegungsprogramm bringt für die Krankenkasse jede Menge Ersparnis. Jeder Unternehmensberater würde für mein Sparprogramm den Rechnungsbetrag eines Aston Martins bekommen.

Kurz nach Ablauf meiner Probestunde zur musikalischen Erziehung präsentiere ich Regina zwölf schlafende Kinder, die zusammengesunken auf ihren Stühlen hängen. Fast lieb sehen sie aus.

„Super, Knut", lobt mich Regina, „das sieht super aus. Wir können für nächste Woche gleich einen neuen Termin vereinbaren."

Ich lehne dankend ab und lasse mir die vereinbarten zwanzig Euro auszahlen. „Ich bin eher in der Kunst zu Hause", erkläre ich Regina.

„Aber Musik ist doch Kunst", widerspricht sie nicht ganz unberechtigt. Ich winke trotzdem ab und radele nach Hause.

Ich rufe Basti an und frage ihn, ob er mit mir an der Elbe die verdienten zwanzig Euro versaufen will. Basti sagt sofort zu.

Wenn er die Wahl hat zwischen Paula und Bier, entscheidet er sich wahrscheinlich immer für Bier. Würde ich im Falle Paula auch tun. Hauptsache er macht sich demnächst nicht an Alex ran. Dann ist sein Feld an Minuspunkten endgültig voll und ich kündige ihm die Freundschaft.

Wir verabreden uns für den Abend am Elbufer. In meiner Picknicktasche sind zwölf Flaschen gekühltes Astra. Wir werden auf jedes Terrorkind eins trinken. Das passt. Mein Rucksack ist gefüllt mit Chips, Erdnussflips und Mini-Salami-Würstchen. Die optimale Ausstattung für einen gelungenen Männerabend. Mit jedem Bier trinken wir erneut auf die Männerfreundschaft. Nach dem fünften Bier lasse ich den Architekten raushängen, sammle ein paar größere Steine und versuche, diese übereinander zu stapeln. Mehr als drei gehen nicht. Ganz ruhig ist die rechte Hand wegen des Biers grad nicht, zumal ich mir mit der anderen pausenlos Chips und Flips aus der Tüte fischen muss. Die Knabberzeug-Industrie mischt da reichlich Suchtfaktoren zu. Ich suche immer so lange in der Tüte, bis ich den letzten Chip gefunden und vernichtet habe.

Nachdem ich erfolgreich drei Steine übereinander gestapelt habe, sage ich zu Basti: „Guck mal ein Kunstwerk!"

„Das kann jedes Kindergartenkind", sagt Basti und zeigt damit mal wieder, wie wenig er von Kunst versteht.

„Meine Steinskulptur ist richtige Kunst. Damit kann ich locker einen Preis gewinnen", sage ich.

„Wenn du meinst." Basti bleibt skeptisch.

Der wird sich umgucken, wenn die Kunstwelt eines Tages nur noch von mir spricht. Dann kann er in sein Tagebuch schreiben, dass er hier am Elbstrand mit mir Bier trinken durfte. Der muss sich bloß nicht einbilden, dass er mit seiner Erinnerung an unseren heutigen Strandabend bei der Promi-Revue oder sonstiger Boulevard-Presse abkassieren kann. Ich krame mein Smartphone raus und mache ein paar professionelle Aufnahmen von meiner Kunst.

„Was willst du denn mit den Bildern?", fragt Basti.

„Damit bewerbe ich mich", erkläre ich.

„Um was?", fragt Basti.

„Um den Kaiserring der Stadt Goslar. Die kennen mich da längst. Allein schon wegen George Clooney und seinem Film. Du wirst sehen. Es lohnt sich, in meine Kunst zu investieren. Willst du die Skulptur kaufen? Du hast erstes Vorkaufsrecht."

„Für Steine?" Basti versteht wieder nichts.

„Ignorant", sage ich, „willst du noch ein Bier?"

Basti nickt. Das Wort Bier versteht er immer.

„Ich hol aus allem alles raus,
selbst wenn es das Allerletzte ist." (KK)

Schlossherr

Das letzte Bier war wohl nicht mehr ganz in Ordnung. Da müsste ich mal bei Astra anfragen, wie das mit der Haltbarkeit ist. Obwohl, bei mir halten die Biere nie lange.

Um dem Kopfdruck zu entgehen, trinke ich erst mal eine Cola. Alternativ hätte ich mir auch ein paar Zuckerwürfel einwerfen können. Die machen jedoch den Hals so trocken und der sagt mir eher: Durst, Durst, Durst.

Während ich vor mich hinleide, meldet sich das Telefon. Günther! Der muss aber eine verdammt gute Entschuldigung parat haben. Ich lasse ihn ein wenig zappeln, bevor ich rangehe.

Eigentlich bräuchte ich langsam mal eine Telefonistin, die meine Anrufe koordiniert und ungebetene Anrufer abwimmelt. Günther gegenüber will ich mich mal ausnahmsweise großzügig zeigen. Jeder hat eine zweite Chance verdient. Ich melde mich.

„Hallo, Günther, danke, ich nehme deine Entschuldigung an", begrüße ich ihn.

„Wieso Entschuldigung?", fragt Günther.

Ich wusste es. Völlig unsensibel der Mann. Was soll's? Jedenfalls hat er bemerkt, dass er auf mich angewiesen ist. Ein guter Journalist steht schließlich nicht an jeder Straßenecke. Das merkt selbst ein Günther.

„Vergiss es", sage ich, „was gibt's?"

„In Fürstenbruch ist Schlosspartie. Da brauche ich jemanden, der eine Reportage schreibt", erklärt Günther.

„Hhm", sage ich.

„Was heißt das?", fragt er, „ja oder nein?" Ich lasse ihn zappeln. Jeder Psychologe rät dir schließlich in seinem

Ratgeber-Portal „Die Ex zurückgewinnen", dass man sich rar machen muss, wenn man begehrt werden will. Damit habe ich mich in der Trennungsphase von Simone intensiv beschäftigt. Ich hab mich richtig rar gemacht, als sie sich von mir getrennt hatte. Leider wollte sie trotzdem nicht zu mir zurück. Im Gegenteil. Sie war sehr glücklich, dass ich mich nicht ständig bei ihr gemeldet habe. Sie bildet sich noch heute ein, sie kommt ohne mich besser klar. Im Gegensatz zu Simone hat es Günther eben gemerkt, dass es ohne mich nicht geht.

„Also, Knut, wenn du nicht willst…", beginnt Günther seinen Satz.

„Klar will ich. Ich bin zwar mit meinem neuen Job in der musikalischen Erziehung von Kindern ziemlich einge-bunden. Aber ich denke, ich kann mich da für einen Tag loseisen. Das gibt es natürlich nicht umsonst. Ich habe schließlich Verdienstausfall."

„Auch am Freitag?", fragt Günther misstrauisch.

„Besonders am Freitag. Da wollen sie alle immer mit ihren Eltern kommen und zeigen, was sie die Woche über an neuen Musikstücken gelernt haben."

„Hundertfünfzig, plus Spesen", sagt Günther.

„Zweihundertfünfzig", antworte ich in dem Ton, wie man ein provokantes Kontra beim Doppelkopf in die Runde schmeißen würde, obwohl man mit vier niedrigen Trümpfen garantiert verliert.

„Zweihundert oder ich suche mir einen anderen", ent-gegnet Günther.

Ich nicke die angebotenen zweihundert Euro ab. Darauf kann ich es nicht ankommen lassen. Der verzichtet lieber auf eine Sensationsstory, nur um fünfzig Euro zu sparen.

Ich müsste ihn mal mit Klaus-Eckbert bekannt machen. Die würden sich in Geldangelegenheiten prima ergänzen. Günther hat keine Frau. Wer weiß, vielleicht steht er auf haarige Männerkörper und Klaus-Eckbert würde seine wahre Natur erkennen, sich in Günther verlieben und Simone käme reumütig zu mir zurückgekrochen. Na, ob ich die wieder zurückhaben will, muss ich mir gründlich überlegen. Außerdem habe ich die dürre Alex am Start. Ich werde mich zu gegebener Zeit entscheiden.

Jetzt kommt erst mal Fürstenbruch. Da wird der Fürst sicher ganz sentimental werden, wenn er meinen wunderbaren Artikel liest, wo er doch selbst so gern Journalist geworden wäre. Ich könnte ihm einen Tausch anbieten. Er darf meinen Artikel für das Gartenmagazin schreiben und ich mache es mir in der Zwischenzeit in seinem Schloss gemütlich. Ich schreibe seiner Presse-Tante gleich mal eine Mail, dass sie schon mal das Bier kalt stellen soll. Wenn es sein muss, trinke ich auch ein Glas Champagner zur Begrüßung.

Die Presse-Tante verhält sich so wie ich es von Simone gewohnt bin, sie meldet sich auf meine E-Mail gar nicht. Ich glaube, sie unterschätzt die Bedeutung von Günthers Gartenmagazin und meine botanische Kompetenz. Meine Berichterstattung wäre dem Ansehen des Fürstenhauses sicherlich recht zuträglich.

Freitag in aller Frühe mache ich mich auf den Weg. Günther hatte es versäumt, mir eine Eintrittskarte für die Schlosspartie zu besorgen. „Schlosspartie" ist die freundliche Umschreibung von „Deine Kohle ist bald meine Kohle", denn es ist letztendlich eine Verkaufsausstellung für ländliche Utensilien. Damit der Besucher auch was kaufen darf, holt er sich erst mal die Legitimation zum Kaufen, in dem er eine Eintrittskarte kauft. Aber egal, am Ende freuen sich alle. Die Busunternehmer, die die Besucher da hinkarren. Der Fürst, der mitverdient. Der Veranstalter der Schlosspartie und die Leute, die überflüssiges Dekomaterial verkaufen. Und der Besucher hat ordentlich was erlebt. Er durfte zum Bespiel in den Schlosspark. Da darf er zu anderen Zeiten normalerweise umsonst rein. Aber dann gibt es halt nicht diesen ganzen Landkrempel, den die Nachfahren eines Tages entsorgen müssen. Aber diese erahnen nicht die Spätfolgen, wenn ihre Oma mit dem Busunternehmen zur Schlosspartie fährt.

Als ich mangels Eintrittskarte von einer pubertierenden Hilfskraft am Eingang des Schlosses abgewiesen werde, laufe ich rüber zum Rathaus. Da werde ich mich gleich beim Bürgermeister beschweren. Schließlich profitiert seine Provinz von meinen löblichen Worten in Günthers Gartenmagazin. Nicht zu vergessen meine Fotos, an denen sich die Leute nicht sattsehen können.

Freitagvormittag um zehn ist im Rathaus bereits Wochenende eingeläutet. Kein Mensch zu sehen. Durch eine Tür höre ich jemanden telefonieren.

Ich klopfe und da niemand „einen Moment" sagt, trete ich ein. Die telefonierende Dame mustert mich streng und verweist mich mit einem Kopfnicken der Tür. Das konnte ich schon bei meinem Bruder nicht leiden, dieses hintenrum. Entweder man sagt klar, was man meint oder man hält einfach die Fresse. Auf ein Kopfnicken reagiere ich nicht. Ich bleibe im Zimmer stehen.

„Sehen Sie nicht, dass ich telefoniere?", fragt mich die Dame latent aggressiv.

„Doch, sehe ich. Oder trage ich irgendwo drei Punkte am Arm?", frage ich.

Ich lass mich doch hier nicht von einer Vorzimmerdame anranzen. Schließlich bin ich ein Bürger dieses Landes und darf doch wohl so etwas wie Bürgernähe erwarten. Die leben hier von mir und meinem Steuergeld. Eigentlich bin ich ihr Chef. Die Vorzimmerdame rückt ihre Brille zurecht und beendet das Telefonat. Wahrscheinlich war es ohnehin privat.

„Guten Morgen, erst mal", sage ich freundlich. Sie quält sich ein „Morgen" heraus.

„Ich bin Journalist des renommierten Gartenmagazins Blumelei", erkläre ich.

Sie sieht mich fragend an.

„Das ist ein sehr, sehr wichtiges Magazin. Ich bin beauftragt einen für Ihre Stadt sehr, sehr wichtigen Beitrag über die Schlosspartie zu schreiben", sage ich und gucke demensprechend wichtig.

„Tun Sie das", antwortet die Dame. Ein wenig mehr Begeisterung könnte sie nun wirklich zeigen.

„Ich brauche eine Eintrittskarte", erkläre ich.

„Gibt es an der Kasse", sagt sie.

„Ich weiß. Aber Journalisten haben in der Regel freien Eintritt." Langsam werde ich sauer. „Ich möchte bitte den Bürgermeister sprechen."

„Der ist beim Kegeln", sagt die Dame.

„Das war klar", sage ich, „wenn ich dem Bürgermeister von meinem Steuergeld ein Kegelturnier ermögliche, muss er erst recht eine Freikarte rausrücken."

Darauf weiß die renitente Lady nichts zu entgegnen, zieht eine Schublade auf und gibt mir eine Karte. Geht doch! Eine Hand wäscht die andere. Das wissen die im öffentlichen Dienst ganz genau.

„Auf Wiedersehen", sage ich, „Sie lesen von mir."

„Besser nicht", antwortet sie. Dann eben nicht, denke ich. Eines Tages wird sie mich anflehen, dass ich über ihre Stadt berichte. Doch dann wird es für sie richtig teuer, da reicht eine Freikarte nicht.

Auf dem Gelände schieben sich die Rentner an den Ständen vorbei. Ich schieße wahllos ein paar Fotos. So richtig will keine Landstimmung aufkommen. Vielleicht sollte ich erst mal was trinken. Das hebt die Stimmung. Nach dem Kampf um die Freikarte habe ich wirklich eine kleine Belohnung verdient und eine Wurst wäre ebenfalls nicht zu verachten.

Am Wildbratwurst-Stand steht ein Herr, jägermäßig gekleidet.

„Ganz schön viele Rentner hier", drängt er mir ein Gespräch auf. „Willst du ein Bier?"

„Klar, immer!" Das lass ich mir nicht zweimal sagen. Der Herr in Jägerkluft erzählt die ganze Zeit, wie viel Arbeit ein Schloss macht. Ich kann da voll mitreden, denn meine Zweizimmerwohnung macht bereits jede Menge Arbeit, allein die Orchideenzucht. Und wenn ich das auf Schlossgröße hochrechne, braucht man viele Lakaien, die die Hütte in Schuss halten. Wahrscheinlich hat der Fürst Hunderte von ehrenamtlichen Rentnern, die ihm für einen fürstlichen Händedruck die Bude schrubben und das Goldgedöns an der Decke entstauben. Das erklärt auch, warum bei der Schlosspartie so viele Rentner sind. Die zahlen diesen Wucherpreis Eintritt, nur um dort ihre Frondienste beim Fürsten anzubieten. Ich sollte auf meinem Balkon auch eine Schlosspartie ausrichten. Der könnte gut und gerne einen neuen Anstrich vertragen. Für meine Wohnung wäre eine Rentner-Schrubb-Aktion ebenfalls nicht verkehrt. Günther muss mir in seinem Gartenblatt eine Anzeige spendieren. Nach dem Motto Balkon-Partie bei Knut: „Schrubb ihn weg, den Dreck!" Und daneben schalte ich eine Verkaufsanzeige mit Original-Balkon-Partie-Schrubbern. Die müssen die Rentner bei mir kaufen. Ich kann nun wirklich nicht für jeden Rentner einen Schrubber zur Verfügung stellen. Die dürfen sich schon glücklich schätzen, wenn sie dabei sein dürfen. Die Rentner erleben ja sonst den ganzen Tag nichts. Bei mir kriegen sie ordentlich was geboten für ihr Geld. Chantal kontrolliert die Eintrittskarten. Nachdem ich neulich erst auf ihr mittelmäßig intelligentes Kind aufgepasst habe, ist sie mir ohnehin einen Gefallen schuldig.

„Ist viel Arbeit, so ein Schloss", wiederholt sich der Typ in Jägerkluft.

Ich glaube, inzwischen trinkt er wohl das vierte Bier. Da kann ich nicht mithalten. Ich bin schließlich nicht zum Saufen, sondern zum Arbeiten hier. Da reicht ausnahmsweise ein Bier am Vormittag.

Ich nicke zustimmend. „Wo hast du die Jägerklamotten her?", frage ich.

Als Schneckenjäger würde ich darin bestimmt eine gute Figur machen. Die Jacke kaschiert gut den Bauch. Da sähe ich irgendwie professioneller aus. Dann kann ich gleich für jede tote Schnecke ein paar Cent mehr bekommen.

„Gekauft", antwortet der Typ. Darauf wäre ich nun nicht gekommen. Hätte durchaus sein können, dass er regelmäßig zum Kostümverleih geht.

„Willst du das Schloss sehen?", fragt er wie ein kleiner Junge, der stolz seine neue Rennbahn zeigen will. Diesen Wunsch kann man niemandem abschlagen, auch nicht einem Jäger. Also folge ich ihm.

Im Schloss ist Rentnerschieben angesagt. Ich dackele hinter dem Jäger her und bemühe mich, keine von den überteuerten Vasen im Landhaus-Style zu zerdeppern. Das fehlte noch, wo man mir aufgrund von Zahlungsverzug gerade meine Haftpflichtversicherung gekündigt hatte. Die stellen sich vielleicht an, bei der Versicherung. Jahrelang haben sie mein Geld bekommen. Ich hatte nie einen Schadensfall. Von dem ganzen Geld, was ich an die gezahlt habe, hätte ich bei Karstadt in der Porzellanabteilung Polterabend feiern können. Naja, gegessen.

Vorsicht ist die Mutter der Porzellankiste. Gekonnt schlängle ich mich an den Ständen vorbei. Alle Vasen bleiben heil.

Der Jäger öffnet eine versteckte Wandtür. Endlich Ruhe! Dass Rentner aber auch so einen Krach machen können. Die sind ja schlimmer als die Kinder aus dem talentfreien Musikerziehungsprogramm. Wir gehen durch einen langen Flur, bis wir einen modern eingerichteten Raum mit Sofalandschaft erreichen.

„Einen Bordeaux?", fragt der Jäger.

„Ähm, weiß nicht. Bin zum Arbeiten hier", sage ich. Aber Weintrinken ist schließlich Arbeit. Allein das Riechen, Schmecken und Gurgeln erfordert die volle Konzentration. Ich nicke ab und nicke kurze Zeit später auf der Sofalandschaft ein. Kein Wunder, nach der anstrengenden Arbeit war ich ziemlich erschöpft. Der Jäger schläft vor mir auf dem Teppich. Draußen ist es bereits dunkel, als ich wieder erwache. Verdammt, für Fotos ist es nun zu spät! Zum Abschied fotografiere ich die schlafende Gestalt auf dem Teppich und trete den Rückweg durch die Verkaufsstände an.

Diese stehen von allen Rentnern verlassen planlos in der Dunkelheit rum. Eine der Vasen muss nun doch dran glauben. Wenigstens Licht hätten sie anmachen können. Ich bin schließlich nicht als Fledermaus auf die Welt gekommen.

Schließlich finde ich den Weg nach draußen und verlasse die Provinz Richtung Hamburg. Günther hat mir zum Glück seinen Wagen geliehen und nach der Mütze voll Schlaf bin ich wieder völlig ausgenüchtert.

Am nächsten Morgen rufe ich Simone an und frage sie, ob sie mir das Porzellan der Country-Serie nicht endlich zurückgeben will. Das war schließlich ein Geschenk meiner Mutter.

„Du hast gesagt, du willst es nicht. Das ist dir zu hässlich", motzt sie mich bereits am frühen Morgen an.

„Das war gestern. Ich neige halt zum Adenauern", erkläre ich.

„Du kümmerst dich weder um dein Geschwätz von gestern, noch um sonst irgendwas!", fährt sie mich an. Dass die Frau auch immer das letzte Wort haben muss. Wie habe ich das all die Jahre nur ausgehalten? Nach dem üblichen Gezeter erlaubt sie mir vorbeizukommen.

Im Garten von Klaus-Eckbert arrangiere ich mit dem hässlichen Porzellan und ein paar Rosen ländliches Ambiente. Zum Glück spielt das Wetter mit und die Fotos sind schnell gemacht und ich ebenso schnell wieder weg. Im Internet google ich mir ein paar Schlossbilder und erstelle zusammen mit dem Porzellan eine Top-Kollage im Country-Style. Na, wenn das keine Schlosspartie ist.

Den schlafenden Jäger platziere ich unter den Gartentisch. Der passt super ins Bild. Dazu schreibe ich noch ein paar nette Worte darüber, wie die Rentner unser Steuergeld in Country-Kitsch anlegen. Da wird sich Günther freuen. Das ist richtig guter Journalismus. Ich maile ihm die Datei zu und gehe einen Kaffee trinken. Im Café setze ich mich direkt gegenüber von zwei sehr attraktiven Frauen und lächele sie freundlich an. Sie ignorieren mich.

Günther schreibt mir eine Mail und fragt mich, was der schlafende Fürst unter dem Gartentisch zu suchen hätte und ich sollte den sofort rausnehmen. Na, wer hätte das gedacht? Da hat der die ganze Zeit inkognito getan und sich als Jäger verkleidet. Und ich habe ihn nicht erkannt. Diese Bildungslücke, nicht die Promi-Revue zu lesen, muss ich echt ausgleichen. Ich nehme die Schlafmütze aus meiner Kollage wieder raus und schicke Günther ein neues Bild.

Das Foto mit dem schlafenden Fürsten sende ich an die Promi-Revue mit dem Hinweis „Fürst verschläft seine Schlosspartie". Kurz darauf kommt die Antwort, ob es zu dem Bild eine Story gibt. Sicher gibt es die und was für eine, maile ich zurück. Die Redaktion bietet mir fünfhundert Euro. Ich sage sofort zu. Jetzt geht die Post ab! Der Knut verdient sein Geld mit Schlaf!

Quoten-Mann

Das war wieder nichts. Die Promi-Revue hat zwar den Artikel bezahlt, ihn am Ende aber nicht gedruckt. Sie seien kein kritisches Magazin und Hoheiten in desolaten Schlafstellungen würden nur Unterlassungsklagen nach sich ziehen. Das wäre am Ende schlecht für die Auflagenhöhe. Naja, alles wie immer. Erst wird ordentlich getrommelt und am Ende hat keiner den Mumm für den letzten Paukenschlag. Auch bei der Bildzeitung habe ich mit dem schlafenden Fürsten keinen Erfolg.

Wenn da eine Bundeskanzlerin auf dem Teppich geratzt hätte, wäre das etwas anderes, teilten sie mir mit, aber ein Fürst aus der Provinz hat einfach keinen Sensationsgehalt. Das bringt keine zusätzlichen Leser. Da braucht es schon etwas mehr für ein Sensationsfoto, zum Beispiel zusätzlich einen weißen Tiger, der genüsslich an den Füßen knabbert oder was Ähnliches. Wenn ich so eine Nummer bieten könnte, sei ich jederzeit willkommen.

Für wie doof halten die mich eigentlich? Wenn ich das Foto von einem Politiker hätte, dem der Tiger gerade ein Ohr abkaut, würde ich eine Extra-Website einrichten und jeder Login kostet ein paar Cent. Da wäre ich im Nu Millionär und von einem Mark Zuckerberg würde die Welt nicht mehr reden.

Jeder dilettantische Laienfotograf könnte selbstverständlich gegen eine entsprechende Gebühr seine Sensationsbilder auf meiner Seite posten. Selbst wenn es nur die Oma ist, die gerade im Supermarkt überteuerte polnische mit EU-Mitteln subventionierte Biotomaten klaut. Das wäre eine Website mit echten Skandalbildern. Da bringt jedes

Posten und jeder Klick Geld. Da würde jedes Social Monitoring Bestnoten bekommen.

Zum Glück muss ich mir um Geld im Moment keine Sorgen machen. Ausnahmsweise ist mein Konto im Plus durch den nicht gedruckten Promi-Revue-Artikel. Wenn einem das Glück derartig hold ist, sollte man es unverzüglich genießen. Ich könnte mich mit Basti und Kalle gepflegt betrinken. Fred und Detlef dürfen auch kommen. Mitsamt Mops. Ich stelle mir gerade vor, wie wir gemütlich auf meinem Balkon einen richtigen Männerabend erleben, da kommt mir ein besserer Gedanke. Ich schicke eine SMS an Alex, ob sie Lust auf einen Pizza-Abend hätte. Die Männer laufen schließlich nicht weg. Die sind nächste Woche auch noch da.

Alex antwortet prompt mit einem Ja-gern, wo denn? So viel Spontanität hätte ich ihr gar nicht zugetraut. Erst wollte ich vorschlagen, sie zu einer TK-Pizza einzuladen. Aber für das erste Date zu zweit ist das wohl etwas unangemessen. Also schlage ich den Wintergarten der Zeisehallen in Altona vor. Das ist Romantik pur, schön mit Kerzenschein, wie es sich gehört. Ich habe schließlich eine romantische Ader, die ich viel zu selten auslebe.

Als ich nach Simone kurze Zeit mit der Jasmin zusammen war, habe ich ihr zehnmal am Tag gesagt, dass ich sie liebe. Aber die hatte keinen Sinn für Romantik und meinte, dass ich meine Energie lieber bei den Malerarbeiten in ihrer neuen Wohnung statt in Liebesgeflüster einsetzen sollte. Habe ich widerspruchslos gemacht, obwohl ich handwerkliche Arbeiten abgrundtief hasse. Für die Frau meines Herzens tue ich fast alles. Als die Renovierungsarbeiten fertig waren, hat sie mich verlassen.

Auf jeden Fall darf ich es bei Alex nicht mit der Romantik übertreiben. Falls sie nach dem Pizza-Abend noch zu mir kommen mag, stehen ein paar Flaschen Astra kalt. Schampus wäre verdächtig und sähe wie geplante Verführung aus. Die soll mal nicht von mir denken, dass ich es darauf anlege, gleich nach dem ersten Rendezvous in die Kiste zu hüpfen. Obwohl, so verwerflich ist der Gedanke nicht.

Alex erscheint pünktlich um acht im Wintergarten des Restaurants. Eigentlich sieht sie, obwohl sie ziemlich dünn ist, gar nicht schlecht aus. Und die silbernen klimpernden Armreifen am Handgelenk passen irgendwie zu ihr. Sie wirkt diesmal nicht ganz so distanziert wie an dem Abend, als ich meine Sterneküche aufgetischt habe.

Wir plaudern locker miteinander und zu vorgerückter Stunde wage ich den Versuch.

„Magst du gleich noch auf ein Bier mitkommen?", frage ich sie.

Sie überlegt nicht lange und sagt gleich: „Nein."

„Wie, nein?", frage ich, als wenn ich die Antwort nicht verstanden hätte.

„Ich muss morgen früh raus. Ich habe einen wichtigen Termin in der Uni", erklärt sie.

Das hatte ich vergessen. Als Dozentin an der Uni hat man natürlich jede Menge wichtige Termine. Wichtiger als ein gemeinsames Frühstück danach. Dabei hätte sie bei mir das beste Frühstück der Stadt bekommen. Schön aufgebackene Brötchen und an Nusspli habe ich einen gewissen Vorrat. Der muss mal weg, stammt noch aus dem Posting der Nutella-Gruppe bei Facebook. Bei Facebook habe ich schon länger nicht reingeguckt, aus Angst, dass da Millionen neuer Freundschaftsanfragen aufgelaufen sind. Ich kann ja nicht immer nächtelang E-Mail Post bearbeiten.

Nachdem Alex sich rigoros gegen eine Nacht mit mir entschieden hat, gerät das Gespräch etwas ins Stocken und wir reden unverfänglich über Berufliches. Bevor sie sich von mir verabschiedet, meint sie: „He, du hast doch vielseitige Berufserfahrung. Im Carreer-Center der Hochschule wird gerade ein Berufsberater für die Absolventen gesucht. Da soll die Männerquote erfüllt werden. Die brauchen unbedingt einen Mann. Bewirb dich da."

Sie schreibt mir die Adresse auf. Dann gibt sie mir tatsächlich flüchtig einen Kuss auf die Wange, bezahlt die beiden Pizzen und geht. Stil hat sie ja, setzt sich souverän über Konventionen hinweg und lädt den Mann ein. Da hat sich zumindest in der Hinsicht das Treffen gelohnt: Satt für null Euro. Und obendrein eine neue Stelle in Aussicht. Alex schickt mir noch in der Nacht die Stellenausschreibung per E-Mail. Das ist echt lieb von ihr.

Ein paar Tage später erhalte ich eine Einladung zu einem Vorstellungsgespräch. Die haben gleich erkannt, dass ich ein Top-Bewerber bin. Bestimmt wegen meiner Vielseitigkeit. Jemanden, der schreiben kann, sich in Botanik und im Veterinärbereich auskennt, zudem musikalisch und pädagogisch geschult ist, sich auf der Jagd souverän bewegt und die Kochkunst beherrscht, finden sie in ganz Hamburg nicht. Ach was, im ganzen Bundesgebiet gibt es keinen vergleichbaren und zudem noch männlichen Bewerber.

Mein Gespräch ist um 13 Uhr. In der Mittagshitze. Und es ist verdammt heiß. Vorsorglich habe ich mir zwei frische Hemden auf Bügeln mitgenommen. Das war vorausschauend von mir gedacht. Wie gut, dass ich mit Intelligenz ausgestattet bin. Auf dem Vorplatz vor dem Hochschulgebäude sitzen ein paar Studenten an Tischen zusammen und kommunizieren angestrengt mit ihren Smartphones. Als ich in dem Alter war, haben wir direkt miteinander gesprochen. Aber der virtuelle Austausch ist weniger verbindlich. Du Arschloch per SMS ist leichter geschrieben als gesagt.

Mein Oberhemd ist wie erwartet durchgeschwitzt. Ich mach den Oberkörper frei und wundere mich, dass hier kein Mädel anerkennend pfeift.

Wenn man von dem unscheinbaren Bäuchlein absieht, bekommt man einen ästhetischen männlichen Oberkörper schließlich nicht alle Tage präsentiert. Ich schaue mich um, ob nicht doch eine interessiert guckt. Alles klar, kein weibliches Wesen am Platze. Kein Wunder, dass keine pfeift und ein Schwuler scheint sich auch nicht outen zu wollen.

Ich werfe mein hellblaues Hemd gekonnt über und frage einen der rumhängenden Studenten nach dem Weg zum Career-Center. Er antwortet irgendwas auf Englisch, was ich nicht verstehe. Ein wenig Sprachbegabung in Deutsch sollte der schon zeigen, wenn der demnächst bei seiner Karriereplanung von mir beraten werden will. Wo kommen wir denn da hin? Jeder spricht seine Heimatsprache und ich soll womöglich noch die Karriereberatung auf Kasachisch oder Schwäbisch durchführen. Da muss viel Basisarbeit und Integrationshilfe geleistet werden. Das erkenne ich gleich. Wie gut, dass ich rechtzeitig zur Stelle bin.

Kurz darauf stehe ich im Foyer. Das Career-Center ist in der zweiten Etage. Da gehe ich lieber zu Fuß. Nicht, dass ich im Fahrstuhl stecken bleibe und den Termin nicht einhalten kann. Da liest man ja immer wieder drüber. Von Leuten, die einen Job deswegen nicht bekommen, weil sie auf dem Weg zum Vorstellungsgespräch im Fahrstuhl stecken bleiben. Da bin ich froh, dass sich die Hochschule nicht in den Grindelhochhäusern befindet, womöglich im siebten Stock. Und das bei der Affenhitze!

Im Treppenhaus ist es bullig heiß. Unter meinem Hemd haben sich erneut große Schweißflecken gebildet. Jetzt muss das nächste Ersatzhemd her. Diesmal ein freundliches Orangenes. Ich gehe in den Flur vom zweiten Stock und entblöße meinen Oberkörper. In diesem Moment kommt eine Dame aus ihrem Büro.

„Was machen Sie denn da?", keift sie mich an. Das ausgemergelte Gesicht mit den langen Haaren und dem Lidschatten bis zu den Augenbrauen geschmiert passt irgendwie zu ihrem Tonfall. Wahrscheinlich bereitet ihr der eigene Anblick jeden Morgen im Spiegel wenig Freude und das lässt sie hier an mir aus. An ihrer Stelle würde ich alle Spiegel aus ihrer Wohnung entfernen, dann hätte sie nicht so schlechte Laune.

„Was denken Sie denn?", frage ich zurück. Wer fragt, der führt!

„Ziehen Sie sich sofort an oder ich hole den Wachdienst", blökt sie weiter.

„Das wär ja noch schöner. Erst einladen, dann wieder wegschicken", gebe ich zurück, knöpfe betont langsam mein Hemd zu. Damit hat sie noch länger was zu gucken. Ich merke, wie es in mir brodelt. Nur weil sie übertriebene

Kriegsbemalung im Gesicht hat, meint sie, sie könnte sich hier als Square der „Blue Man Group" aufspielen. Die machen wenigstens Musik mit ihrer blauen Visage. Bei der Square kommen nur schrille Töne raus. Die soll mich bloß nicht reizen. Ich bin nämlich ein sehr geduldiger einfühlsamer Mensch. Das merkt man besonders daran, wie ich mich für andere einsetze. Besonders bei der Schneckenjagd. Ich habe nicht einmal gesagt, die sind eklig, bringt eure Glibberkriecher gefälligst allein um. Jeden Morgen rette ich Gartenbesitzer mit ihren hanseatischen Villen vor der verfressenen Pest. Nur bei Klaus-Eckbert bin ich etwas eigenwillig. Der soll schön selbst den Schneckenmörder machen. Der hat sowieso keinerlei Skrupel.

Ich halte der Square die schriftliche Einladung vor die Nase. Ohne ein Wort deutet sie auf eine Sitzgruppe im Flur, wo ich wohl warten soll.

Kurz darauf kommt sie mit zwei weiteren Darstellern im Schlepptau wieder hervor und platziert mich in einem Konferenzraum. In der Mitte des Tisches steht ein Glas und eine Flasche Wasser. Ein Glas für vier Personen? Hier will wohl keiner abwaschen oder sie haben das Reinigungspersonal gerade entlassen.

„Wollen Sie was trinken?", fragt die Square. Ich nicke, schraube die Flasche auf und nehme einen Schluck direkt aus der Flasche. Da muss wenigstens keiner mehr den Abwasch übernehmen.

Die zweite Frau im Bunde ist mindestens fünfzehn Jahre jünger als ich, trägt Jeans und ist überhaupt nicht mein Typ. Das blässliche Wesen stellt sich als Frau Meyer vor. Außerdem ist noch in der Funktion des Personalrats ein Kerl mittleren Alters anwesend. Neben seiner ungekämm-

ten Haarpracht, die mich stark an Klaus-Eckberts Brustbe-
haarung erinnert, besticht er vor allem durch ein labberiges
graues T-Shirt und eine Hose, die entweder schmutzig
oder gebatikt ist. Mensch, hätte ich das gewusst! Wenn das
hier so eine lockere Gesprächsatmosphäre ist, hätte ich
meine Shorty und das Muskel-Shirt von heute Morgen
anbehalten. Super Laden hier! Wenn die Studenten noch
eifrig Deutsch lernen, bevor sie mit mir sprechen, könnte
ich mich hier als Karriere-Berater glatt wohlfühlen.

Frau Meyer sagt: „Wir führen ein strukturiertes Interview.“

Ich nicke anerkennend: „Ja, klar. Struktur ist total wichtig. Das fängt bei der Haarstruktur an und setzt sich beim
Interview fort.“

Frau Meyer, die Square und der Personalrat gucken jetzt
verwirrt und überhaupt nicht wissenschaftlich. Also wissenschaftliches Personal an einer Hochschule sollte ein
wenig wissenschaftlich gucken. Zumindest bei so wichtigen Dingen wie einem strukturierten Interview. Meine
Gedanken behalte ich für mich.

„Die Leiterin unserer Abteilung ist im Urlaub. Ich bin
hier die Vertretung“, sagt Frau Meyer.

Chefin nicht anwesend ist kein gutes Zeichen, denke
ich. Die muss doch entscheiden, wer in ihrer Abteilung
arbeitet. Mit mir hat die Chefin ja Glück. Aber theoretisch
könnte die Vertretung einen Blindfisch für die Stelle aus-
suchen.

„Also, ich lese Ihnen nun die Stellenausschreibung vor.
Dann können Sie sagen, warum Sie für diese Stelle
geeignet sind und danach stelle ich die standardisierten
Fragen“, sagt Frau Meyer.

Ich nicke anerkennend. Das ist echt Struktur, richtig durchdacht von A bis Z! Eben wissenschaftlich, wie sich das gehört für eine Hochschule.

Entspannt lehne ich mich zurück, nehme bei der Affenhitze ab und zu einen kräftigen Schluck aus der Wasserflasche. Trinken erhöht die Konzentration. Als Frau Meyer mit ihrer Vorleseübung fertig ist, fragt sie: „Haben Sie alles verstanden?"

„Na logo", sage ich, „ich habe die Stellenanzeige gelesen. Da bin ich klar im Vorteil. Ich meine, dass ich lesen kann. Sonst hätte ich mich nicht bewerben können. Ich meine, wenn ich die Anzeige nicht gelesen hätte. Aber gut, dass wir nun alle im Bilde sind, worum es hier geht."

Am liebsten hätte ich der Square die Zunge rausgestreckt. Die weiß bestimmt nicht, worum es bei der Stelle geht. Sie guckt stattdessen wichtig in ihr Heft, in das sie ab und zu ein Wort notiert. Wahrscheinlich schreibt sie eine Einkaufsliste. Einkaufslisten schreiben machen diejenigen, die sich nicht viel merken können. Ich merke mir immer alles, was ich kaufen will: Astra, TK-Pizza, Chips, Toast, Butter, Käse und eine Dose Bockwürstchen. Die Würstchen sollte man immer für hungrige Zeiten im Haus haben. Falls Günther mal wieder zahlungsunwillig ist.

„Warum sind Sie der Richtige für die Stelle?", fragt mich Frau Meyer.

„Sie suchen einen Karriere-Berater für Ihre Studien-Absolventen?", frage ich gemäß meinem Wer-fragt-führt-Prinzip. Die drei nicken. Da laufe ich zu Bestformen auf. Ich erzähle, wie ich schon als Kind mit meiner Blockflöte die Charts der Schul-Weihnachtslieder erobert habe. Berichte von meinem Schauspiel-Talent, meinen Kenntnissen bei der Orchideenzucht, von den verschiedenen Jagdkenntnissen – dabei verzichte ich, auf das Balzthema bei Frauen einzugehen. Ich sehe mich als Veterinär-Experte, Sternekoch und als Pädagoge durch und durch. Selbst bei talentfreien Kindern hole ich im Musikunterricht das Letzte raus. Auch wenn es wirklich das Allerletzte ist, was jemand hören mag.

Ich rede und rede. Jeder Politiker würde vor meiner Wortgewandtheit den Hut ziehen. „Fazit", erkläre ich, „ich bin das Optimum in Sachen Karriereberatung. Ich weiß, wo es langgeht. Schließlich habe ich auf vielen Gebieten erfolgreich geschuftet und kenne den Arbeitsmarkt besser als meinen Kleiderschrank. In dem muss ich mich nämlich ständig neu orientieren. Da finde ich nie was. Den Studenten könnte ich sofort die berufliche Orientierung bieten. Die können richtig Karriere machen, wenn sie auf meinen Rat hören." Keiner sagt was auf meine intelligenten Ausführungen. Das ist klar. So eine Rede erzeugt ehrfurchtsvolles Schweigen.

Frau Meyer räuspert sich nach unzähligen geschwiegenen Sekunden. „Jetzt lese ich Ihnen die einzelnen Fragen vor", sagt sie.

„Das ist gut, dass Sie alles schriftlich haben und mir das vorlesen. Wenn ich es selbst lesen würde, könnte es leicht zu Missverständnissen kommen."

Frau Meyer mustert mich ein wenig aufdringlich. Nicht, dass sie mich hier noch anbaggert. Sie ist überhaupt nicht mein Typ. Ich durchbohre sie mit meinen Blicken und sie guckt gleich verlegen auf ihren Fragenkatalog. Dann folgt ein Frage-Antwort-Spiel, das mich irgendwie an Memory erinnert. Nur mit dem Unterschied, dass hier nichts zusammenpasst. Ich soll was zur Hochschulpolitik sagen. Was interessiert die Politik, wenn es um Karriere geht? Hier zählen Dollarzeichen mit möglichst vielen Nullen und wenn man die verdient, kauft man sich die Politiker. Wirtschaft macht die Politik. Das lernt jeder Student im ersten Semester. Und ich soll hier doch für Dollarzeichen sensibilisieren. Schließlich suchen sie für ihr Career-Center einen Karriere-Berater. Das sagt ja schon das Wörtchen „Career". Sonst müssen sie es Political-Center nennen und einen Politik-Berater suchen. Genau so sage ich das.

Meine Gesprächspartner sagen dazu nichts. Der Personalrat fragt stattdessen: „Wissen Sie denn wie Ihr Gehalt pekuniär aussieht?"

Als alter Lateiner weiß ich sofort, worum es geht. Das Wort Geld kenne ich in vielen Sprachen. „Klar", sage ich, „der öffentliche Dienst versorgt schon gut. So ein A 13 Gehalt ist besser als mit zweihundert Sachen auf der A 7!"

Hey, ich hab einen Witz gemacht. Keiner lacht. Ein bisschen humorlos ist der Verein nun wirklich.

Die Square meldet sich zu Wort. Die darf also auch was sagen. Ich ermuntere sie mit einem freundlichen Blick.

„Haben Sie noch Fragen?", fragt sie mich.

„Ja, das ist ein wichtige Frage", lobe ich ihren Beitrag, „gibt es ein zweites Gespräch? Lerne ich die Chefin kennen? Wie viele Bewerbergespräche führen Sie noch?" Ich will alles wissen. Da sollen sie die Karten auf den Tisch legen.

Die Square durfte wohl nur diesen einen Satz sagen. Es meldet sich Frau Meyer wieder zu Wort: „Wir arbeiten mit dem strukturierten Interview, da brauchen wir kein zweites

Gespräch. Wir sind mit allen Bewerber-Gesprächen durch."

Jetzt ist mir alles klar. „Eine Chefin muss doch wissen, wer demnächst in ihrem Team sitzt. Also, bin ich das Alibi-Gespräch. Der Quoten-Mann. Weil es die Ausschreibungspraxis im öffentlichen Dienst ist, Stellen auszuschreiben und mehrere Bewerber-Gespräche zu führen. Die Stelle ist längst weg. Was sollte diese Vorstellung heute?"

So, endlich ist es raus. Ich lasse mich doch hier nicht von Paragrafen-Erfüllern instrumentalisieren! Die drei gucken betreten und schweigen.

Ich stehe wortlos auf, nehme einen kräftigen Schluck aus der Mineralwasserflasche.

Ich frage den Personalrat: „Hat man Ihnen als Kind eigentlich nicht beigebracht, dass man sich die Haare kämmt, bevor man sich an den Tisch setzt?"

Und zur Square sage ich: „Mit dem Lidschatten und Ihrem Gesicht passen Sie gut nach Bad Segeberg. Die brauchen zu den Festspielen jede Menge Indianerinnen mit vertrockneter Lederhaut."

Ich bin sauer, verdammt sauer. Zuhause rufe ich gleich Alex an und erzähle ihr von dem Gespräch.

„Du hast es gewusst. War das ein wissenschaftliches Experiment?", werfe ich ihr vor.

„Nein, Knut. Ehrlich. Das wusste ich nicht. Ich dachte, du hast eine reelle Chance."

„Wirklich?", frage ich.

„Ja. Wirklich. Soll ich kommen und dich trösten?", fragt Alex in sehr liebem Tonfall. Ich merke, wie mein Schwanz sich bewegt. „Ja, bitte", sage ich möglichst weinerlich.

Ich gehe gleich mal einen Schampus kaufen. Ich glaube, die Investition lohnt heute.

„Einen Hinkelstein kann man immer gebrauchen."
(KK, sinngemäß zitiert nach Obelix)

Goldmarie

Alex ist unglaublich süß. Trotz ihrer knochigen Gestalt. Oder vielleicht gerade deswegen, weil sie sehr zart dabei ist. Ich bin verliebt, richtig verliebt. Da hat sie mir doch heute Morgen einen Zettel auf dem Bett hinterlassen, mit einem Herzchen drauf. Wenn das keine Liebe ist! Da stand nichts weiter, nur das Herz. So ein Herz sagt mehr als jedes Wort. Sie hätte natürlich schreiben können, wie toll ich war. Das hört jeder Mann gern.

Ich gucke auf die Uhr. Es ist sieben. Verdammt früh. Warum hat sie sich nur mitten in der Nacht davongeschlichen? Ich schreibe ihr eine SMS mit „ich liebe dich". Das kommt gut. Seiner Auserwählten kann man das gar nicht oft genug sagen. Die Welt ist ohnehin sehr lieblos. Da ist ein gesimstes Ich-liebe-dich mal was Positives in unserem unbarmherzigen Dasein.

Weil ich bis tief in die Nacht beschäftigt war, habe ich heute Morgen meine Schnecken-Jagd-Termine nicht geschafft. Egal, sammle ich heute Abend einfach mehr und verdopple wieder durch Teilung. Dann stimmt am Ende das Ergebnis. Das ist Nutzenoptimierung.

Nachdem ich leckeres Nusspli-Brötchen, die Mopo und eine Kanne Kaffee genossen habe, schreibe ich Alex eine SMS. Sie hat ja schon lange nichts mehr von mir gehört. Sie soll nicht glauben, dass ich sie vergesse. Nee, das ist nicht mein Stil.

Alex antwortet nicht. Ich warte noch zehn Minuten. Vielleicht ist sie gerade mit Studenten in der Sprechstunde oder auf dem Klo. Da muss man sich auf andere Sachen konzentrieren als aufs Simsen.

Im Laufe des Tages schreibe ich ihr noch 27 Mal eine SMS und spreche ihr dreimal auf die Mailbox. Gegen 23 Uhr abends antwortet sie endlich per SMS: „Lieber Knut, findest du 30 SMS nicht etwas übertrieben?"

„Nö", schreibe ich zurück, „hätte ich drei mehr schreiben sollen? Es waren nur 27."

„Lass es bitte. Ich lebe in einer Beziehung."

Wie jetzt? Das hat sie gar nicht gesagt. Simone hatte mir das Knochengerüst damals als Single präsentiert. Hätte ich das gewusst! Die hat mich verarscht. Beide haben mich verarscht, Simone und Alex. Und ich gutgläubiger Trottel falle darauf rein! Alle wussten Bescheid, nur ich nicht.

Ich rufe sofort Simone an.

„Alex ist kein Single. Das ist wieder eine deiner hinterhältigen Maschen gewesen!", schreie ich ins Telefon. Simone legt auf. Ich wähle wieder ihre Nummer.

„Knut, weißt du, wie spät es ist? Klaus-Eckbert muss morgen früh raus. Der will schlafen", schreit sie mich an. Wenn Simone so schreit, kann ein Klaus-Eckbert natürlich nicht schlafen. Die soll mal ihr Geschrei unterlassen, damit ihr Liebster morgen wieder entspannt was reißen kann.

„Bitte nicht in diesem Ton! Ich weiß selbst, wie spät es ist. Es gibt in meinem Haushalt tatsächlich eine Uhr. Wenn ein Freund in Not ist, guckt man nicht auf die Uhr!", antworte ich in halbwegs normaler Lautstärke.

„Du bist nicht e i n Freund. Du bist mein Ex-Mann!", blökt Simone mich an. Nun vergreift sie sich aber wirklich in der Lautstärke.

„Ja. Genau. Deswegen musst du dich erst recht um mich kümmern. Von Rechts wegen muss sich die Ehepartnerin um den Ehepartner kümmern", sage ich.

„Ex, Knut, Ex! Wann kapierst du das endlich?"

Auf solche unqualifizierten Fragen antworte ich nicht.

„Was willst du wissen?", lenkt Simone ein.

„Alex hat eine Beziehung", sage ich.

„Ja, und? Ist das verboten? Sie ist über achtzehn."

„Aber sie hat letzte Nacht mit mir geschlafen", sage ich den Tränen nahe.

„Da hast du verdammtes Glück gehabt, Knut. Sie ist nämlich bei Männerfragen sehr, sehr wählerisch", sagt Simone.

„Was soll das denn heißen?"

„Knut, Alex ist lesbisch."

Wumm, das hat gesessen! Ich bin sprachlos. Das will bei mir was heißen.

„Danke für deine aufbauenden Worte", flüstere ich und lege auf.

Ich kann unmöglich jetzt ins Bett gehen. Ich würde die ganze Nacht kein Auge zutun. Ich rufe nacheinander die einzigen vier Freunde in meinem Leben an. Fred und Kalle gehen nicht ran. Basti betrinkt sich bei seinem Bruder in Hannover und Detlef darf abends so spät nicht mehr weg. Da kriegt er Ärger mit seiner Frau.

Deprimiert gehe ich allein in die Eckkneipe, bestelle mir Rührei mit Pfifferlingen und Toast und einen halben Liter Astrabier. Mit 0,3 brauche ich heute gar nicht erst anzufangen.

Nach einer Stunde bin ich satt und habe zweieinhalb Liter Bier im Bauch. Der sieht irgendwie aufgebläht aus von der großen Menge Flüssigkeit. Da muss ich wieder nachts ständig aufs Klo. Ist heute aber egal, nach dem ganzen Frust kann ich sowieso nicht schlafen. Wider Erwarten schlafe ich gleich ein und durch. Bier wirkt bei mir wohl wie eine Schlaftablette.

Morgens gucke ich auf die Uhr. Es ist sechs. Kümmern wir uns um das Wesentliche. Die Frauen können mich alle mal, denke ich. Zeit für die Schneckenjagd!

Während ich mir die Zähne putze, fängt es in meinem Bauch an zu rumoren. Eine Stunde später bin ich ein Fall für den Notarzt. Durchfall. Keine dreißig Minuten kann ich vom Klo weg.

Hektisch wühle ich in meinem Medikamenten-Karton. Außer Pflaster, abgelaufenen Kondomen und einer angebrochenen Packung Kopfschmerztabletten ist im Karton nichts Verwertbares drin. Bis zur nächsten Apotheke brauche ich zwanzig Minuten. Hin und zurück vierzig und auf dem Weg dorthin keine Baustelle mit Dixi-Klo. Dabei reißen sie sonst an jeder Ecke die Straße und Bürgersteige auf. Wenn man allerdings auf eine gut ausgestattete Langzeitbaustelle mit Sanitäranlagen angewiesen ist, findet man keine. Von der Baubehörde darf man einfach nichts erwarten. Bis die eine Baustelle fertig stellen, hat uns der Klimawandel erreicht und das Bauvorhaben erstickt im Wüstensand.

Schneckenjagd geht heute aus aktuellem Anlass folglich nicht. Dabei hat es letzte Nacht geregnet. Das wäre heute Morgen eine Super-Ausbeute. Ich rufe bei meinem Auftraggeber Kill-Team an. Martin, genannt, Killer-Martin, ist am Telefon. Die anderen sind wahrscheinlich längst im Außendienst in Sachen Ungeziefer unterwegs.

„Knut, was sind denn das für Geräusche im Hintergrund?", fragt mich Killer-Martin.

„Das ist die Klospülung", erkläre ich.

„Du telefonierst im Bad?", fragt mich Killer-Martin.

„Ja. Kann hier auch nicht weg und Schnecken jagen, wenn du verstehst…", murmele ich.

Killer-Martin versteht, was ich meine. Wenigstens einer, der mich versteht.

Ich hole mir einen Kaffee und ein trockenes Brötchen ins Bad. Stelle es auf den Wannenrand. Während ich auf der Brille sitze und auf die nächste Attacke warte, rufe ich Kalle an. Der arbeitet in seinem Amt gleich bei mir um die Ecke.

„Kalle, ich bin in Not", sage ich mit unverkennbar verzweifelter Stimme.

„Oje, was ist denn?", fragt Kalle besorgt.

„Du musst für mich in der Apotheke was gegen Durchfall besorgen."

„Das geht nicht. Ich muss arbeiten", sagt Kalle, „das kannst du doch selbst erledigen."

„Eben nicht. Das schaff ich nicht. Deine Arbeitslosen sind in einer Stunde auch noch arbeitslos. Die können warten. Ich kann nicht warten. Wenn ich nicht gleich Medikamente bekomme, nehme ich zehn weitere Kilos ab und rutsche durch das Fallrohr. So mager bin ich dann."

„Du hast abgenommen? Was hast du gegessen? Das brauche ich auch. Ein paar Kilos weniger würden mir gut stehen."

„Kalle, bitte, nicht diskutieren! Helfen!"

„Ok", sagt Kalle, ich komme." Ich wusste auf einen Freund ist Verlass. Eine halbe Stunde später bringt Kalle ein Medikament.

„Alle zwei Stunden eine Tablette. Nicht länger als drei Tage", sagt Kalle.

„Drei Tage ginge sowieso nicht. Dann wäre ich völlig abmagert, ausgedörrt und ein Fall für den Bestatter", sage ich.

Kalle will sich sofort wieder verabschieden und pflichtbewusst im Amt die angeordnete Kontaktdichte zu seinen „Kunden" aufrechterhalten. Beim Amt sind Arbeitslose Kunden. Für mich ist ein Kunde jemand, der für eine Dienstleistung etwas bezahlt. Das wäre doch mal ein gesellschaftspolitisch relevanter Ansatz für Diskussionen. Da müssten sie mich in eine Talk-Show einladen und ich würde denen was von Dienst und Leistung erzählen.

Naja, Kalle pflegt wie vorgeschrieben seine Kontakte. Alle zwanzig Minuten ein Gespräch mit einem Arbeitslosen. Er ist da sehr pflichtbewusst. Wenn er sich nicht lange mit den Problemen der Arbeitslosen aufhält, schafft er auch alle zehn Minuten ein Gespräch. Dann hat er früher Feierabend. Das ist sehr ökonomisch gedacht. Es gibt wenige im öffentlichen Dienst, die so ökonomisch denken.

„Aber einen Kaffee trinkst du noch mit? Schließlich bist du bei mir als Ersthelfer im Einsatz und unterlassene Hilfeleistung ist strafbar", bemerke ich.

Das sieht Kalle sofort ein. Kaffee will er nicht, sein Magen verträgt keinen Kaffee. Bier vertragen wir dagegen beide gut. Auch am Vormittag. Und ich muss ja den hohen Flüssigkeitsverlust ausgleichen. Dazu werfe ich zwei von den Tabletten ein. Doppelt hält besser.

Am Abend beruhigt sich mein Darm und am nächsten Morgen fühle ich mich wieder fit. Da haben wohl die Trillionen Darmschutz-Bazillen aus dem Medikament gewirkt. Viel hilft viel. Wie gut, dass die Pharma-Firma daran nicht gespart hat, an den wohltuenden Bazillen. Wo hat man das sonst, dass Bazillen guttun? Davon kann man nicht genug bekommen. Nun darf ich mich gleich frohen Mutes in die Arbeit stürzen. Ich arbeite ja immer wie ein Bekloppter, pausenlos. Da muss ich dem Pharma-Unternehmen dankbar sein, dass ich bereits nach einem Tag wieder voll fit bin und killen kann, was die Schneckenbrut hergibt. Bei dem Pharma-Unternehmen werde ich mich heute Nachmittag bedanken. Nee. Besser noch ich fahre hin. Das ist doch viel persönlicher als eine blöde E-Mail.

Am frühen Nachmittag sitze ich im Auto von Detlef und fahre Richtung Winsen. Da muss man gewesen sein. In Winsen. Wenn man da einmal gewesen ist, braucht man nicht mehr hin. Winsen kann ich also als erledigt abhaken.

Im Auto riecht es nach Mops. Aber ich bin froh, dass Detlefs Frau erlaubt hat, dass ich sein Auto bekomme. Mit dem Fahrrad wäre das ein bisschen weit gewesen. Und der Bahn will ich mein sauer verdientes Geld nun wirklich nicht in den Rachen schmeißen. Dann denken die noch, ich unterstütze das Verspätungskonzept der Bahn. Die Bahn weiß, wo's langgeht. Stellt sich immer nur die Frage, wann sie ankommt.

Im Auto ist es eindeutig bequemer. Sogar vollgetankt hat Detlef. Da nehme ich in diesem Fall den Mopsgestank in Kauf.

In Winsen erwerbe ich einen üppigen Blumenstrauß. Ich bin immer wieder überrascht, wie großzügig ich bin. Besonders, wenn so ein Strauß 23 Euro kostet. Aber die Pillendreher sind es mir wert. Wenn die mir mit ihren Tabletten nicht geholfen hätten, hätte ich meine Wohnung kündigen müssen, weil ich aufgrund meiner Arbeitsunfähigkeit kein Geld mehr verdienen und den Mietwucher bezahlen könnte. Am Ende wäre ich mit einem Dixi-Klo in Simones Vorgarten gezogen, weil sonst auf keiner Baustelle im gesamten Hamburger Stadtgebiet für mich und mein Klo Platz gewesen wäre. Dann lieber 23 Euro als Dankeschön in Blumen investieren, den Sprit hat ja Detlef bezahlt. Das macht den Dank nicht übertrieben teuer.

Ich fahre auf den Hof der Fabrik.

Das sieht hier wenig nach Hightech-Pharma aus, eher wie eine Bio-Kindertagesstätte aus. Fehlt nur der Spielplatz.

Auf mein Klingeln öffnet ein Pförtner und fragt nach meinen Wünschen.

„Ich bin der Knut, Knut Koopmann und möchte den Pillendrehern meinen Dank aussprechen", trage ich mein Anliegen vor.

„Welchen Pillendreher?", fragt der Herr. Wer hat den denn eingestellt? Ein Pförtner sollte wissen, welche Personen in dem Unternehmen arbeiten, bei dem er die Tür auf- und zumacht.

„Irgendjemand wird doch für das Darmmedikament zuständig sein. Kennen Sie diese Tabletten?" Ich halte ihm die angebrochene Packung vor die Nase. „Die werden in diesem Unternehmen hergestellt. Steht auf der Packung. Die Angaben sollten Sie mal durchlesen, falls Sie Informationsbedarf haben."

Erst dachte ich, er verweist mich gleich der Tür, doch dann sagt er: „Herr Dr. Held ist derzeit aus der Produktion unabkömmlich. Ich könnte versuchen, ob ich jemanden aus dem Produktmanagement erreiche."

Der Pförtner telefoniert. Ich finde, Herr Dr. Held trägt seinen Namen zu Recht. Er ist ein Held, ein Batman, ein

Meister Propper im Kampf gegen üble Gerüche und unerwünschte Kackgeräusche aus Badezimmern.

Irgendjemandem will ich möglichst noch heute die Blumen überreichen. Und Manager sind letztendlich ziemlich wichtig, in vielen Fällen wichtiger als Politiker. Die zeigen allen, wie man aus wenig Geld, viel Geld macht. Bei den Bankmanagern geht das allerdings gern hin und wieder in die andere Richtung. Die sind da noch innovativer in Geldangelegenheiten. Aus viel mach weniger oder gar Minus. Das ist wahre Rechenkunst. Das bringt der Beruf des Bankers manchmal so mit sich.

„Frau Dr. Paul und ihre Mitarbeiterinnen sind gerade im Kreativ-Meeting. Sie können gern kurz dazustoßen", sagt der Pförtner.

Immerhin weiß er, dass eine Frau Dr. Paul in diesem Unternehmen arbeitet.

Der Pförtner führt mich durch das Foyer, über eine edle Naturholztreppe in einen großen Konferenzraum. Die drei Frauen sehen in dem bestimmt für fünfzig Personen konzipierten Raum etwas verloren aus. Zum Glück bin ich nun da. Gegen die einsame Leere.

Frau Dr. Paul erinnert mich ein wenig an Alex, schlank, kurze dunkle Haare. Aber ich bin schließlich nicht zum Baggern da und nach der Enttäuschung sollte ich lieber nach einem anderen Typ Ausschau halten. Vielleicht blond und etwas fülliger, mehr zum Liebhaben.

Die beiden anderen Damen gucken irgendwie extrem verheiratet. Ich habe da einen Blick für. Also konzentriere ich mich auf Frau Dr. Paul und überreiche ihr die Blumen als Dank für die tolle Wirksamkeit ihrer Pillen mit den Trillionen Bazillen. Sie erwartet zum Glück nicht, dass ich

154

die Namen der einzelnen Bazillen kenne. Ich habe nämlich kein gutes Namensgedächtnis. Ich kann mich besser an andere Dinge erinnern, zum Beispiel an einen knackigen Po.

Frau Dr. Paul ist von meinen Blumen ganz entzückt. Das hätte sie noch nie erlebt, dass sich ein Patient bei ihr bedanken würde. Ich wusste es. Die Welt ist undankbar.

Durch ihr positives Feedback ermuntert, erzähle ich ihr gleich die näheren Umstände meines Durchfalls. Die Sache mit Alex, weswegen ich allein Pfifferlinge und wahrscheinlich faule Eier essen musste, berichte von den fehlenden Baustellen mit Dixi-Klos und der Bummelei bei der Deutschen Bahn. Meine Kritik an der Bahn hat sie nicht richtig verstanden. Das merke ich an ihrem Gesichtsausdruck. Egal. Der Erstkontakt ist hergestellt und man muss sich am Anfang einer Freundschaft nicht gleich auf allen Ebenen verstehen. Ich spüre, ich bin hier willkommen.

Die Produktmanagerinnen sind überhaupt nicht arrogant, eher hemdsärmelig, ohne Business-Dress und man duzt sich. Sehr sympathisch. Frau Dr. Paul fragt, was ich denn beruflich mache. Mein Stichwort. Damit meine Ausführungen nicht zu lange dauern, lasse ich meine meisten Talente weg und konzentriere mich auf mein Dasein als erfolgreicher Journalist. Günther wird mein Talent eines Tages auch noch erkennen.

„Oh, wenn du gut schreibst, magst du vielleicht für unser Darmmedikament Headlines entwickeln. Zumal du die Wirkung kennst", schlägt Frau Dr. Paul vor.

„Klar. Mit Headlines kenne ich mich aus. Das ist mein täglich Brot. Für Günther habe ich mir jede Menge Headlines ausgedacht. Zum Beispiel: Ist die Blattlaus erst mal tot, hat der Gärtner keine Not!", sage ich. Die Damen lächeln höflich. Ein bisschen mehr Begeisterung könnten sie nun wirklich zeigen.

„Willst du uns ein, zwei Headlines für unser Produkt texten? Wir entwickeln gerade eine Anzeigen-Kampagne", fragt mich die Frau Doktor. Klar, will ich das. Als ich das Honorar für meine Denkleistung höre, will ich sofort nach Hause, damit ich gleich anfangen darf mit dem Denken.

Nachdem ich bei Detlef das Auto abgegeben habe, fragt er mich: „Noch eine Grillwurst?" Ich lehne ab.

„Bist du krank oder schwerhörig?", erkundigt er sich besorgt, „Knut, ich sagte, Grillwurst, gratis für dich und Bier dazu."

„Detlef, ein anderes Mal. Ich habe einen sehr wichtigen Auftrag. Der muss heute erledigt werden", sage ich geheimnisvoll.

„Wovon redest du?", fragt Detlef. Sein fragendes Gesicht zeigt eindeutig Parallelen zu seinem Mops. Ein Mops guckt in der Regel nicht sonderlich intelligent. Häufig kann man vom Hund auf den Hundebesitzer schließen. Bei Detlef ist der Gedanke jedenfalls nicht abwegig.

„Meine Dienste als Headlinetexter sind gefragt. Das will ich heute erledigen. Du kennst mich ja. Ich bin gehe in meinem Arbeitseifer die Dinge immer sofort an", erläutere ich.

„Seit wann?", fragt Detlef.

„Seit wann was?", frage ich zurück.

„Seit wann bist du arbeitswütig?"

„Schon immer gewesen", antworte ich. Detlef guckt wenig einsichtig. Ich habe im Moment jedoch keine Zeit für weitere Diskussionen und verabschiede mich. Die Frage, ob ich wieder vollgetankt hätte, überhöre ich. Es gibt wichtigere Dinge als einen vollen Tank.

Am Abend herrscht bei mir absolutes Alkoholverbot. Volle Konzentration auf die Anti-Dünnschiss-Pillen. Die Alkohol-Abstinenz brauche ich nicht lange einzuhalten. Nach einer Stunde gönne ich mir ein Astra. Arbeit erledigt. Bevor ich den ersten Schluck aus der Flasche nehme, maile ich Frau Dr. Paul meine beiden Headlines inklusive Werbe-Ideen. Ich habe mich selbst übertroffen!

Variante eins: Mann sitzt auf dem Klo.

Frau steht davor und blökt: Scheiß Kerl!

Er antwortet: Ja!

Darunter ein Foto der Pillen mit dem Hinweis „Wenn Sie nicht länger ein Scheiß Kerl sein wollen….“ Klarer geht die Werbeaussage nun wirklich nicht. Und sie hat Niveau. Da applaudiert sogar die Alice-Schwarzer-Fraktion. Das ist purer Feminismus.

Meine zweite Werbe-Idee ist nicht ganz so intellektuell. Die kapieren auch Leute mit geringerem IQ. Diesmal sieht man eine Art braunen Wasserstrahl.

Darunter steht: „Durchfall? So'ne Scheiße muss nicht sein. Mit diesen Pillen ist bald alles wieder gut!“

Na, wenn das ist nicht genial ist!

Zwei Wochen später bin ich um Tausend Euro reicher. Dafür muss ich normalerweise zehn Artikel für Günthers Gartenmagazin abliefern und mich hinterher noch um das Honorar mit ihm streiten.

Da lob ich mir doch eine Frau Dr. Paul. Zwei, drei Sätze, für einen Tausender. Die eben weiß, was gut ist, muss auch teuer sein. Die Pillendreher gehen sofort mit meiner

Kampagne voll in die Offensive. Überall in den Apotheken und Praxen hängen Plakate mit meinen Headlines, die Apotheken-Rundschau widmet dem Thema Dünnschiss ihre Titelstory und in der Zeitschrift „Gesund durch Pillen" redet man von nichts anderem als von der Darmflora. Flora und Fauna sind ja nun schon lange mein Thema. Da bin ich mir in gewisser Weise treu geblieben.

Wer hätte das gedacht. Manchmal kann man aus Scheiße Gold machen. So muss sich eine Goldmarie fühlen. Das muss gefeiert werden! Ich rufe meine vier besten Freunde an und verabrede mich mit ihnen am Samstag zur Oldie-Disco im Landhaus Walter. Selbst Detlef hat Ausgang. Aber nur, weil seine Frau bei ihren Eltern in Vechta ist. Da wollte er nicht mit. Kann ich verstehen. Vechta gehört zu den Orten, die es niemals zum Weltkulturerbe bringen werden.

Am Samstag also Mega-Party. Wir Männer verstehen was von Partys!

Ruhe

Ein Mega-Event am Samstag will gut vorbereitet sein. Mein letzter Tanz-Abend mit Basti war schließlich nicht so richtig von Erfolg gekrönt. Das soll diesmal anders werden. Damit wir uns gebührend einstimmen können, habe ich die Herren bereits nachmittags zu mir zum Kochen eingeladen. Wer Talente hat, muss sie auch zum Einsatz bringen, sonst verkümmern sie. Und Kochen kann ich ja! Mit einem gefüllten Bauch ist eine gute Grundlage vorhanden, damit keiner von uns beim Tanzen völlig geschwächt zusammenbricht.

Pünktlich um drei versammeln Detlef, Kalle, Basti, Fred und ich uns auf meinem kleinen Balkon und machen es uns auf Bierkisten bequem. Bequem ist etwas übertrieben. Aber nach dem zweiten Bier spüren wir die Eindrücke am Hintern nicht mehr.

Die Jungs haben sich wirklich schick gemacht. Detlef und Fred im blauweiß karierten Hemd, was ein wenig an eine Bierzelt-Garnitur erinnert. Kalle hat sein luftiges Hawaii-Hemd rausgekramt und Basti trägt ein cooles grünes Shirt mit einem Hirsch drauf. Mit diesem Modebewusstsein kann ich leider nicht dienen und habe mich stattdessen für Jeans und ein fröhliches rosarot geringeltes Polo-Shirt entschieden. Da sieht man mir gleich an, was für ein humorvoller Mensch ich bin. Und wie risikobereit ich in der Farbkombination bin. Ich bekenne gern Farbe. Da brauche ich mich nicht in trostlosem Schwarz zu verstecken. Farbe kann ich gut tragen.

Das Wetter zeigt sich von seiner besten Seite. Sommerlaune pur. Bevor wir mit dem Kochen richtig loslegen, gehen wir erst mal auf ein frisch Gezapftes in die naheliegende Brauerei. Erst wollte ich handgenähte Teebeutel mit grünem Tee besorgen. Aber wenn es warm ist, kommt Bier eindeutig besser. Kühl und erfrischend.

Wir sind an diesem Tag besonders weltoffene Biertrinker. Offen für Neues und probieren uns gern durch die Sorten. Man lernt nie aus. Besonders in kulinarischen Dingen muss man am Ball bleiben. Das beeindruckt die Frauen. Nach der dritten Runde beschließen wir, unser Kochen auf Tiefkühlpizza zu beschränken. Prioritäten setzen ist sehr wichtig. Sonst steht man Stunden um Stunden in der Küche und der Disco-Abend findet am Ende ohne einen statt.

Bei Tiefkühlpizza geht niemand ein Risiko ein. Sie schmeckt immer gleich fade und der Teig ist in der Regel pups-trocken. Da weiß jeder, worauf er sich einlässt und erlebt keine bösen Überraschungen. Im Gegensatz zu den Frauen. Da weiß man nie, worauf man sich einlässt und am Ende entpuppt sich diese als vertrocknete Rosine oder gefräßiges Hippo.

Nach TK-Pizza sind wir gesättigt und bester Stimmung. Gut gelaunt kommen wir im Landhaus Walter an. Dass da nicht gerade der Bär steppt, stört uns nicht weiter. Wir bestellen uns im Garten an der Sekttheke zur Einstimmung was Prickelndes und setzen uns auf die Holzbänke. Der gediegene Laden geht mit der Zeit. Die tun was für ihr Image und haben ein Terrain für Radio Hamburg abgeriegelt. Open-Air, super, mitten zwischen den ganzen Bierzelt-Garnituren. Echtes Live-Radio vom Hamburger Kultsender. Auf der Fläche steht ein Podest, was wohl eine Art Bühne sein soll und davor ist eine Tanzfläche.

Als Eingangsportal haben sie einen riesigen Kopfhörer aufgestellt, der wie eine Hüpfburg mit Luft aufgeblasen wurde.

Das ist echt gutes Design. Das muss ich mir merken. Für Astra werde ich demnächst aufblasbare Bierkisten designen. Zum bequemeren Sitzen. Dann bekommt man wenigstens keine Schwielen am Hintern. Gerade im Alter neigt die Haut schnell zu Druckstellen. Das will kein Mann. Und schließlich soll die Angebetete in der ersten Nacht nicht blöde Fragen nach Cellulite an den Pobacken stellen oder ähnlich. Das kann einem die ganze Erotik in der Nacht verderben.

„Was ist'n hier los?", fragt Detlef mit einem Fingerzeig auf die Radio-Showbühne eine Bedienung, die ziemlich schnuckelig aussieht.

Detlef wirkt in seinem Karohemd wie der kleine Bruder vom bayerischen Edmund, der es auf Oktoberfest richtig krachen lassen will. Fred sieht auch nicht besser aus. Die beiden haben doch eine Frau. Die können ihre Männer doch nicht so loslaufen lassen. Oder die Ehefrauen haben die Bierzelt-Garnitur extra rausgesucht. Da haben ihre Göttergatten garantiert keine Schnitte in der Damenwelt.

„Mensch, Detlef", denke ich, „Anmache geht wirklich anders." Wahrscheinlich kriegt er von seiner Frau immer einen vor den Latz, wenn er nach einer Frau guckt. Im Anbaggern fehlt ihm echt die Routine.

„Silent Disco", sagt die Bedienung überlegen lächelnd.

„Wie jetzt?", fragt Fred. Also als Anwalt muss man eigentlich besser formulieren können.

Vor Gericht kann er mit einem „Wie-jetzt?" nun wahrhaft nicht brillieren. Hoffentlich ist es in der Oldie-Disco nachher laut genug, dass der rudimentäre Wortschatz von Fred nicht weiter auffällt.

„Jeder bekommt einen Kopfhörer, sucht sich seinen Lieblingskanal und tanzt dazu. Absolut silent, da wird niemand gestört", erklärt die Bedienung, sammelt unsere leeren Sektgläsern ein und rauscht wieder Richtung Sekttheke ab.

„Das macht Sinn", stelle ich fest. Meine vier einzigen Freunde auf der Welt gucken mich fragend an.

„Also", erkläre ich, „dieses Landhaus liegt einsam im Stadtpark. Absolute Ruhe. Da darf niemand durch Discolärm gestört werden."

„Hier wohnt doch niemand", gibt Basti zu bedenken.

„Richtig. Hier wohnt kein Mensch", sage ich, „aber denkt mal an die ganzen Mücken. Die können bei Tanzmusik womöglich nicht schlafen, kommen angeschwirrt und zerstechen im Rachefeldzug wegen des Discolärms die Gäste im Biergarten. Das weiß doch jeder, wozu diese Mistviecher in der Lage sind. Mücken vertreiben die Gäste. Da sorgt das Landhaus Walter vor. Es lässt die Plagegeister schön in Ruhe in dem Glauben weiterschlafen, dass es hier nichts zu saugen gibt. Kein Musik-Lärm, folglich keine Menschen. Silent Disco funktioniert so: Mücken schlafen - Gäste saufen - Kasse klingelt."

„Ja, wo du das so auf den Punkt bringst. Macht Sinn. Deswegen haben wir im Amt keine Musik", meint Kalle, „keine Musik - Beamte schlafen."

„Mit einem Kopfhörer auf den Ohren kann ich aber keine Frau ansprechen. Die hört mich ja gar nicht", gibt Detlef zu bedenken.

„Ist auch besser", sage ich. „Wie jetzt?", fragt Fred.

„Besser mit Kopfhörer nichts sagen, als sich ohne Kopfhörer mit halben Sätzen blamieren", sage ich. Die vier gucken mich wieder fragend an.

„Wie jetzt?", fragt nun Basti.

„Wollt ihr jetzt diskutieren oder Bier?", frage ich.

„Bier!", antworten sie im Chor.

Ich gehe an den Tresen, bestelle und bezahle fünf Halbe. Jetzt, wo ich gut mit meinen genialen Werbesprüchen verdient habe, kann ich die Jungs auch mal einladen. Hin und wieder muss ich ihnen auch zeigen, wie wichtig mir ihre Freundschaft ist und ihre Facebook-Verweigerung vergesse ich für heute Abend großzügig. Man muss auch mal für einen Abend verzeihen können.

Da sich auf der Tanzfläche der silent Disco im Garten vom Landhaus keine attraktiven Frauen tummeln, ja eigentlich tummelt sich da niemand, gehen wir trotz sommerlich lauschigem Abend nach drinnen in die Discothek. Da soll heute die legendäre Oldie-Night stattfinden. Bevor wir uns ins Disco-Getümmel stürzen, trinken wir erst mal wieder ein Bier. Wer sich viel bewegt, muss dafür sorgen, dass er genug trinkt.

Von Getümmel zu sprechen, ist maßlos übertrieben. Auf der Tanzfläche wiegen sich ein paar einsame Ladies in den Fünfzigern zu den Rhythmen der Sechziger.

Wir stellen uns mit unserem Bier an die Tanzfläche und gucken. Das haben wir bereits mit sechzehn so gemacht. Das machen wir auch dreißig Jahre später. An der Tanzfläche stehen und gucken, ob eine guckt, die da tanzt. Aber es guckt keine. Und wenn eine gucken würde, würde ich schnell weggucken. Schließlich will ich keine falschen Erwartungen wecken und die traurigen Damen noch trauriger machen. Es reicht, wenn ich vom vielen Weggucken schon langsam Depressionen bekomme, weil heute Nacht garantiert keine Diskussionen über meinen Hintern oder sonstige Körperteile aufkommen werden.

Nach einer guten Stunde hat sich die Tanzfläche gefüllt. Zu den traurigen Fünfzigerinnen sind nun männliche Modeverweigerer in den Sechzigern hinzugekommen. Einer gibt tatsächlich seine Flip-Flops, die nach 1-Euro-Shop aussehen, an der Theke ab. Wohl, damit ihm die niemand klaut. Entspannt hüpft er sogleich mit seinem grauen Zöpfchen barfuß in kurzer Hose über die Tanzfläche und baggert die Frauen auf der Fläche an. Besonders Erfolg versprechend sieht sein Tanzstil nicht aus. Entfernt erinnert er mich an den Vater von einem Tatort-Kommissar. Vielleicht ist das hier ein geheimer Drehort der Kult-Krimi-Serie und wir sind mitten drin, ohne dass wir es merken. Das kennt man doch. An allen Ecken werden Bürger dieses Staates heimlich gefilmt. So können die Öffentlich-Rechtlichen bei ihren Fernsehproduktionen die Kosten für die Statisten sparen. Aber nicht, dass sie die Ersparnisse an die Bürger weitergeben und die GEZ-Gebühren senken. Nein, das ist kontraproduktiv zur Sparpolitik. Gebühren müssen regelmäßig angehoben werden, damit der Staat mehr sparen kann, um die Bürger zu entlasten. Wenn der Staat weniger Gebühren einnimmt, kann er weniger sparen, um die Bürger zu entlasten. Entlastete Bürger können mehr Geld ausgeben und bringen ordentlich Steuereinnahmen.

Ich weiß zwar nicht, wo der Bürger entlastet wird, aber irgendwo wird das sicher der Fall sein. Ah, ja, Oldtimer-Besitzer werden entlastet. Die sind zwar auch Autobesitzer, besitzen jedoch ein altes Auto und dafür wird weniger Steuer erhoben.

In diesem Moment denke ich an Geld, an Frau Dr. Paul und zugleich fällt mir ein kreativer Werbeslogan ein. Ich frage den Barmann nach einem Zettel und Stift. Der guckt fragend.

„Schnell, sonst vergesse ich es! Es geht um Tausende!", schreie ich, damit meine Stimme ihn durch die Mukke erreicht.

„Wie viel?", schreit er zurück.

„Einen Stift und einen Zettel oder siehst du eine Krake vor dir!"

„Ich meine, wie hoch ist meine Provision auf die Tausende?"

Auf solche Diskussionen lasse ich mich nicht ein. Bei Geld hört für mich der Spaß auf. Der kann mich mal. Ich gehe nach draußen und lasse mir von der schnuckeligen Bedienung Zettel und Stift geben.

„Gleicht deine Frau einer Rosine, gib ihr Vitamine!", notiere ich meinen neuesten Slogan hastig. Frau Dr. Paul und ihr Team freuen sich bestimmt über einen so genialen Slogan für ihre Vitaminpräparate. Wer schreibt, der bleibt. Als Folge der Kampagne werden die Männer die Apotheken stürmen und sofort die Vitamin-Pillen für ihre faltigen Frauen kaufen. Der Absatz steigt reißend. Jede Frau über vierzig will die haben und einige Männer sicher auch. Da hat sich die Oldie-Disco für mich auf jeden Fall gelohnt. Richtig inspirierend ist das hier.

Als ich zur Tanzfläche zurückkomme, zappeln da meine vier einzigen Freunde zu Rockin All Over The World von der Altherren-Band. Etwas abseits der Tanzfläche steht ein

Mittfünfziger mit einem Bauch, der nach einem verschluckten Medizinball aussieht, und spielt Luftgitarre. Hier geht die Post ab. Mensch, dass alte Herrschaften noch so unbeschwert abfeiern können. Das gibt Hoffnung auf die Jahre im Altenheim.

Da ich dem Barmann ewige Feindschaft geschworen habe, hole ich mir im Biergarten das nächste Getränk. Ausnahmsweise mal Mineralwasser, damit wenigstens einer von uns weiterhin ganze Sätze sprechen kann.

Die silent Disco sieht genauso trostlos aus wie vor zwei Stunden. Niemand schwebt mit Kopfhörer verzückt über die Tanzfläche. Wenigstens fehlt von Mücken jede Spur.

Als ich in die Oldie-Disco zurückkomme, gib's selbst für mich kein Halten mehr. Wow! Headbanging zu T.N.T., das lockt selbst einen Knut. Ich zappele nach dem Song noch ein wenig zu Madness und Christopher Cross, bevor ich mich zur Vorbeugung von sprachlichen Aussetzern wieder meinem Wasser widme. Übermütig proste ich einer Dame Ende der Fünfziger zu. Ihr schwarz-weißes Paillettenkleid mit dem Goldstreifen über der Brust hat was. Simone würde undiplomatisch behaupten, dass man von dem Anblick Brechreiz bekommt. Aber Simone ist ja oft etwas merkwürdig. Sonst würde sie nicht mit einer Abrissbirne zusammenleben.

Die Paillettendame hat Anerkennung verdient. Sie hat sich wirklich Mühe gegeben. Mein aufforderndes Zuprosten führt dazu, dass die Paillettendame auf mich zutanzt.

Ich zeige auf meine Hosenstall und verschwinde flugs auf dem Klo. Mein Mitleid mit einsamen Frauen hält sich in Grenzen. Nachdem wir uns auf der Tanzfläche verausgabt haben, stehen wir wieder zu fünft am Rand. Neben mir wiegt ein schlanker Schwarzer seine Hüften zum Beat. Ein bisschen neidisch bin ich schon, weil das der einzige in dem ganze Schuppen ist, dem der Rhythmus im Blut liegt. Aber ich habe zum Glück noch andere Qualitäten wie diesen ausgesprochen Blick für Mode und Trends. Demnächst werde ich mich bei Takko melden. Die brauchen Leute mit Gespür. Wenn es mein Kopf zulässt, werde ich mich am Sonntag um die ersten Entwürfe kümmern. Aber keine elitäre Designer-Mode, nein, ich mache was für die Masse, was jeder tragen kann.

An der Basis muss ich ansetzen, damit die Mallorquiner sehen, was für einen guten Geschmack die Deutschen haben. Preiswert kann auch hübsch sein.

Da können die bei Takko noch einiges von mir lernen. Bei Kalle im Amt trug neulich eine Mittfünfzigerin eine Tarnfleckenhose, in die sie ein rosafarbenes Top gestopft hatte, dazu Strass-Sandalen. Am Strand auf Mallorca läuft die bestimmt genauso rum. Dieses Fremdschämen muss nun wirklich kein Deutscher mehr aushalten. Ich werde das in die Hand nehmen. Designed by Knut wird über Deutschland hinauswachsen, ein internationales Label für den guten Geschmack.

Da die Oldie-Night außer Oldie-Musik und Oldies auf der Tanzfläche wohl in dieser Nacht nichts Neues mehr bringen wird, fahren wir gegen Mitternacht zum Kiez.

Die sommerlichen Temperaturen haben Menschenmassen auf die Reeperbahn gelockt. Nur in Gänseschritten geht es voran.

Auch hier wird mir wieder klar, die Modewelt wartet auf mich. Hier hat wirklich fast jeder Kiezgänger ein Modeproblem. Auch die Professionellen könnten zumindest auf der Straße etwas Schick vertragen. Naja, morgen kümmere ich mich darum.

„Ich hab Hunger", bemerkt Basti.

„Ich auch", sagt Kalle.

„Ja, Jungs, Tanzsport macht hungrig", meint Fred und hat wohl mit dieser Aussage seinen ersten ganzen Satz des Abends formuliert. Aus ihm könnte doch noch ein guter Anwalt werden.

„Frauen lernen wir heute jedenfalls nicht mehr kennen", jammert Detlef.

Kein Wunder bei der Kleidung! Da werde ich nächste Woche mit seiner Frau drüber diskutieren.

Abseits vom Kiez finden wir eine Kneipe, die unser Lieblingsbier zapft. Dazu ein gemischter Teller mit kräftigem Käse und süßlich-scharfem Wasabi-Senf.

Wir trinken auf die Männerfreundschaft!

Und satt macht glücklich!

„Ich konnte schon immer gut mit Worten umgehen,
besonders mit Widerworten, DU IDIOT!" (KK)

Design

Die Nacht war verdammt kurz. Kurz nach acht sitze ich jedoch bester Stimmung am Frühstückstisch. Ich habe alles vorgekramt, was nach Zeichenmaterial aussieht.

Für seinen Erfolg muss man hart arbeiten. Das hat bereits der alte Voltaire gewusst. Der wahre Geist eines Landes entspringt der Arbeit. Von mir bekommt unser Land jede Menge Geist. Manche Arbeit hat allerdings gar keinen oder sehr begrenzten Geist.

Bevor ich mich am frühen Sonntagmorgen meinen Zeichenstudien widme, suche ich nach meiner nächtlichen Rosinen-Notiz, die mir im Landhaus Walter in den Sinn kam. Sie steckt fein säuberlich in einem Taschentuch eingewickelt in meiner Hose. Naja, ganz sauber ist der Zettel nicht mehr. Sind ein paar Bierflecken drauf. Außerdem hatte ich in das Taschentuch und wohl auch in den Zettel geschnäuzt. Wenigstens ist der Spruch lesbar. Ich sollte genialen Slogan sofort an Frau Dr. Paul mailen. Die wird sich freuen, wenn sie am Montagmorgen eine wunderbare Werbe-Headline in ihrem E-Mail-Postfach findet.

Gerade wollte ich den Zettel, an dem organischer Abfall klebt, entsorgen, da durchfährt mich wieder ein Geistesblitz. Aber holla. Dass ich das erleben darf! Erst die Nacht rumsumpfen, körperlich völlig verausgaben und am frühen Morgen so was von kreativ.

Das scheint echt meine Woche zu werden. Ich glaube, meinen Job beim Kill-Team kann ich kündigen. Die Schneckenzeit ist eh bald vorbei. Der September naht. Ratten haben zwar das ganze Jahr Saison. Doch das ist keine Jagd an der frischen Luft. Bewegen kann ich mich auch in meiner Freizeit. Dafür brauche ich nicht unbedingt einen Job. Die Ratten sitzen gern in Müllbergen, Kanalisation, Kellern und finsteren Verließen. Mein Arzt sagt, Bewegung an der frischen Luft tut mir gut. Also nichts mit Rattenjagd. Im Untergrund gibt es bekanntlich keine frische Luft. Wenn es bald keine Schnecken mehr zu jagen gibt, kann ich meinen Job auch kündigen. Das mach ich mal gleich. Sonst vergesse ich es. Ich schreibe Killer-Martin eine Mail, dass ich Ende nächster Woche bei ihm aussteige. Gesundheit geht vor. Das ist das Allerwichtigste! Ich sollte mal wieder einen Orthopäden aufsuchen. Wahrscheinlich habe ich mich bereits buckelig gearbeitet. Die Schnecken sind grundsätzlich nur am Boden rumgekrochen und ich mit ihnen. Bequem mit der Hand zu erreichende Hochbeete haben die Viecher gemieden. Hinterhältig wie die sind. Genützt hat es ihnen nichts!

Jetzt zeige ich Frau Dr. Paul mal, dass ich das Zeug für gute Werbung habe. Die Mail ist schnell getippt. *„Sehr geehrte Frau Dr. Paul'*, schreibe ich, *„hier habe ich heute eine wunderbare Headline für Sie: Gleicht deine Frau einer Rosine, gib ihr Vitamine! Die können Sie für Ihre Vitamin-Präparate sicherlich gut verwenden.*

Und damit nicht genug. Heute Morgen ist mir gleich noch ein verkaufsstarker Dialog für Ihren nächsten Fernsehspot eingefallen. Der geht so:

Treffen sich zwei Popel.

Sagt der eine: Mensch, Paul, du siehst aber schlecht aus.

Antwortet der andere: Ja, ich fühle mich seit zwei Tagen total ausgetrocknet. An dieser Stelle Einblendung Musik, dann die Ansage: Nose-Gel, Tee und warme Socken lässt die Nase bald frohlocken!

Mit freundlichen Grüßen, Ihr Knut Koopmann
PS: Meine Bankverbindung kennen Sie."

Bloß nicht mit Füllwörtern aufhalten. Knapp und präziser geht es wirklich nicht. Eine Frau Dr. Paul hat keine Zeit, sich mit langen Texten aufzuhalten. Ich erst recht nicht. Ich habe noch überlegt, ob ich ein Paulchen Panther als Kose-Icon hinzufüge. Lasse es lieber. Nachher hält sie mich für Inspektor Clouseau. Der ist ja nicht gerade ein Sympathieträger.

Meine nächsten Mieten sind sozusagen gerade ertextet. Nun kann ich mich den Modefragen für die breite Masse widmen. Der muss doch Geschmack beizubringen sein. Die Wachsmalstifte sehen nicht mehr besonders gut aus. Die haben wahrscheinlich die Kinder meines Bruders bei ihrem letzten Besuch bei mir versaut. Die lasse ich nicht mehr in meine Wohnung. Erst die Stifte ruinieren und hinterher will es keiner von den Blagen gewesen sein. Die Kappen von den Filzstiften haben sie auch nicht richtig verschlossen. Die gleichen fast vertrockneten Popeln. Violett und Braun sind einigermaßen in Ordnung. Ich versuche mich in den ersten Figurinen. Ich fange mal mit der Frauenmode an. Von Frauen versteh ich was.

Nach acht Stunden habe ich zwei Zeichenblöcke, fünfhundert Blatt Druckerpapier und meinen Einkaufszettelblock mit Modezeichnungen geschmückt. Ich habe mich völlig verausgabt und bestimmt sechs Tassen Kaffee konsumiert. Gegessen dagegen gar nichts. Ich werde gleich bei Döner-Ali vorbeischauen. Der breiten Masse wäre jetzt nicht damit gedient, wenn ich kurz vor Vollendung meiner Modekollektion verhungern würde. Ein letzter Blick auf mein Tagewerk. Ein wenig Selbstkritik ist hin und wieder angebracht. Ich setze mich immer intensiv mit meiner Arbeit auseinander. Und wenn ich ehrlich zu mir bin, ist mein Zeichentalent nicht über das Niveau meiner sechsjährigen Nichte hinausgekommen. Dabei hatte ich bereits im Kindergarten das Zeug zum Malen. Im Gegensatz zu meinem Bruder. Der hat im Sandkasten lieber Burgen gebaut, Indianer und Cowboys darauf verteilt und sie mit Steinen totgeworfen. Manchmal hat er auch die Steine nach mir geworfen. Aber ich war ja größer und habe mich gerächt. Ich habe ihn mit meinem selbstgebauten Pfeil und Bogen gezwungen, Vogelbeeren zu essen. Der Feigling hat die immer gleich wieder ausgespuckt. Dabei wollte ich nur sehen, ob die Beeren wirklich giftig sind und er stirbt. Und was ist aus diesem Feigling geworden? Holt sich die schönste Frau am Platze und produziert neue, kleine Feiglinge, die hinterhältig meine Stifte austrocknen lassen und diese heimlich in die Verpackung zurückstecken. Was anderes kann man von seiner Brut nicht erwarten. Ich sollte mal meine Schwägerin anrufen und sie fragen, ob sie länger unter Feiglingen leben will. Bei mir könnte sie es viel besser haben.

Bei Döner-Ali rufe ich meine Mutter an. Während mein Bruder den Wilden Westen plattmachte, habe ich mich damals bereits für Mode interessiert. Ich hatte zwei Anziehpuppen aus Pappe. Für die hat Mutti immer sehr schöne Kleidung gemalt und sie fein säuberlich ausgeschnitten. Während ich den Döner esse und dabei meine helle Hose bekleckere, telefoniere ich mit Mutti. Die freut sich immer, wenn sich einer ihrer Söhne bei ihr meldet. Über meine Anrufe freut sie sich besonders.

„Hallo Mutti, hier ist Knut", schmatze ich ins Telefon.

„Ich weiß deine Bankverbindung noch", sagt meine Mutter.

„Mutti, ich brauche kein Geld."

„Nicht? Dann sage ich dir mal meine Bankverbindung. Kannst gern etwas von deinen Schulden zurückzahlen", antwortet sie.

„Ja, sicher. Wenn's geht nur nicht heute", bitte ich und überlege im gleichen Moment, wie ich jemals die Fettflecken aus der hellen Hose wieder rausbekommen soll. Ich brauche unbedingt einen Textilreiniger im Freundeskreis, so oft, wie ich mich schmutzig mache. Mutti nimmt von ihren Rückzahlungsforderungen sofort Abstand. Sie ist einfach die Beste!

„Mutti, hast du noch meine beiden Anziehpuppen mit den Kleidern, die du damals für mich gebastelt hast?"

„Knut, aus dem Alter bist du nun wirklich raus."

„Ich will nicht mit ihnen spielen. Ich brauche die für meine Karriere."

„Ja, sicher. Die liegen in einem Karton auf dem Dachboden. Ich hatte sie extra aufgehoben, falls du mal Kinder hast, dein Bruder…"

„Ja, Mutti, ich komme gleich vorbei", unterbreche ich sie. Von meinem Bruder und seiner zerstörerischen Brut will ich jetzt nichts hören. Über die habe ich mich heute genug geärgert.

Selbst nach sechs Stunden Schufterei ist mir kein Weg zu weit, meine Mutter zu besuchen. Detlef leiht mir freundlicherweise wieder sein Auto. Der Tank ist nur viertelvoll. Etwas egoistisch von ihm. Ich hab die Jungs erst neulich zu Bier eingeladen. Detlef hätte im Gegenzug ruhig den Tank vollmachen können. Der Sprit reicht so

gerade. Zwei Stunden später sitze ich mit selbstgebacke-
nem Streuselkuchen von Mutti und den alten Anziehpuppen aus Kindertagen nebst flotter Papierkleidung wieder in
meiner Küche und kümmere mich um meine Design-
Karriere. Mutti ist die Beste!

Der Arbeitseinsatz hat sich gelohnt. Aus der Anzieh-
puppen-Modekollektion habe ich die beste Papierkleidung
ausgewählt. Ich habe die genommen, die nicht völlig
vergilbt ist. Da hat Mutti damals wirklich Top-Mode
entworfen. Die ist richtig hipp. Das werden die bei Takko
gleich erkennen. Das kann sofort in die Produktion.
Während ich ausrechne, was ich bei einer Provision pro
Stück mit Mode für Masse verdiene, fallen mir die Augen
zu. Ich lege mich aufs Sofa und schlafe sofort ein. Ins Bett
schaffe ich es nicht mehr, so kaputt bin ich.

Am Montagmorgen bringe ich die Modekollektion auf
den Postweg. Ich verschicke das Päckchen unfrei. Die
verdienen demnächst genug an mir. Da muss ich nicht mit
Porto in Vorleistung gehen. Danach lese ich meine
E-Mails. Mein Vermieter droht wieder mit Räumungs-
klage, wenn ich nicht unverzüglich die Miete überweise.
Das mache ich, datiere das Überweisungsdatum jedoch auf
Freitag. Wenn der mir so kommt, soll er ruhig fünf Tage
warten. Demnächst kann ich mir ohnehin eine Villa wie
die von Klaus-Eckbert gönnen. Schön mit Blick auf die
Alster. Da brauche ich keine renovierungsbedürftige
Zweizimmerwohnung mehr.

Ah, eine Nachricht von Frau Dr. Paul. Super! Sicherlich
bietet sie mir diesmal das Doppelte für meine genialen
Einfälle an. „*Lieber Herr Koopmann*", schreibt sie. Prima!
Nun hat sie mich lieb, nicht mehr das förmliche „verehrter

Herr Koopmann". Das heißt natürlich noch nichts. Alex hatte mich ebenfalls lieb, leider nur für eine Nacht.

„Sehr gern habe ich Ihren Rosinen-Slogan und den Popel-Dialog gelesen", schreibt sie weiter.

Die weiß, was Qualität ist! Die hat nicht umsonst ihren Doktor!

Ich lese weiter. *„Wir führen jedoch weder Vitaminpräparate noch Medikamente gegen Erkältungskrankheiten. Unser Sortiment ist auf Magen-Darm ausgerichtet. Falls Sie sich nächstes Jahr neue Ideen für Lines einfallen lassen möchten, freuen wir uns sehr. Viele Grüße, Dr. Paul."*

Das ist typisch für die Pharmaindustrie. Das passt! Bevor sie was für geniale Ideen bezahlen sollen, nehmen sie lieber ihre Produkte aus dem Programm.

Kürzlich haben sie die Vitamin- und Erkältungskapseln ganz sicher noch produziert. Das können sie sonstwem erzählen, dass sie keine mehr haben, aber nicht mir! Wenn die nur einen einzigen Buchstaben aus meinem Werbedialog klauen, werde ich sie wegen Verletzung des Urheberrechts verklagen.

Überhaupt, was soll das heißen, dass ich nächstes Jahr Ideen schicken darf? Wir haben August. Bis Dezember werden noch einige Monatsmieten fällig. Wovon soll ich den bezahlen, bitteschön? Jetzt, wo die Schneckenjagd beendet ist? Was zu beißen brauche ich schließlich auch! Zumindest lohnt es sich nicht, in Schampus für Frau Dr. Paul zu investieren. An der habe ich kein Interesse mehr. Selbst wenn sie im rosa Bunny-Dress daherhüpft. Ich habe meinen Stolz. Außerdem ist Mode made by Knut demnächst ohnehin der Renner. Da kann ich meine Talente viel besser einsetzen. Zwei Tage später bekomme ich ein Päckchen. Ich freue mich immer, wenn ich Päckchen bekomme. Das zeigt mir, dass Menschen an mich denken.

Auf dem Päckchen steht „Annahme verweigert" und der Paketbote verlangt von mir Strafporto. Das Päckchen ist von Takko. Es ist mein unfreies Päckchen. DHL kriegt den Hals nicht voll.

Die machen gleich hier den Larry wegen ein paar Euro Porto. Nicht nur ihre überteuerten Versandgebühren, nein, da strafen sie ihre Kunden ab, wenn ein lieber Mensch einem anderen ein Päckchen schickt und aus Versehen kein Porto bezahlt. So ein Geschäftsgebaren ist fern ab jeglicher Nächstenliebe. Was will ich auch von einem Unternehmen erwarten, das zum größten Teil dem Staat gehört?

Ich füge mich und zahle. Wenn auch unwillig. Doch so schnell lasse ich mich nicht abwimmeln. Hartnäckigkeit hat sich immer irgendwann ausgezahlt. Ich schicke das Päckchen ein zweites Mal. Diesmal jedoch nicht mit DHL. Das sollen die ruhig merken, dass ich mich nicht ungestraft abstrafen lasse.

Nachdem ich drei Tage später nichts von Takko gehört habe, rufe ich an. Nachher haben die Auslieferungsfahrer vom Paketversand gerade gestreikt und mein Päckchen ist überhaupt nicht angekommen. Erst will mich die Dame aus der Telefonzentrale nicht zum Design durchstellen. Als ich ihr klar mache, dass es um Millionen und die Sicherung ihres Arbeitsplatzes geht, verbindet sie mich weiter. Endlich mal eine, die weiß, wie man Arbeitslosigkeit vermeidet. Bei der sollte Kalle ein Seminar besuchen. Da lernt er, was man alles gegen Arbeitslosigkeit tun kann.

„Baron", meldet sich eine Frauenstimme.

„Nee, Knut Koopmann. Meine Familie kommt aus dem Proletariat", korrigiere ich.

„Mein Name ist Baron. Und wie heißen Sie?", sagt meine Gesprächspartnerin unwirsch.

Ein wenig mehr Freundlichkeit hätte ich von ihr schon erwartet, wenn sie mit dem künftigen Chefdesigner telefoniert. Das spricht eindeutig für die Arroganz des Adels.

Da lassen sie es einen spüren, dass man aus der Arbeiterklasse kommt. In der DDR hätte sie den Namen Baron gar nicht führen dürfen. Die SED hätte den Ausdruck als Unterdrückung durch das Kapital gewertet. Mit diesem Namen wäre sie nicht einmal zu Jugendweihe zugelassen worden.

Und jetzt hier den Lauten machen!

„Schöner Name", sage ich und muss in dem Moment an die Schleimspur von Schnecken denken.

„Ich hatte Ihnen ein Päckchen mit Anziehpuppen und einer Modekollektion aus Papier geschickt. Nun sollten wir Fakten schaffen."

„..Sie waren das! Welche Fakten?", fragt die Baron.

„Vertrag und Geld", erkläre ich.

„Was sollte die Aktion überhaupt? Wir sind ein weltweit agierendes Modeunternehmen. Sehr erfolgreich. Wir haben kein Interesse an vierzig Jahre alten Anziehpuppen und dilettantischen Papierschnipseln, die Kleidung darstellen sollen", sagt die Frau in oberlehrerhaftem Tonfall.

In Jahrtausenden nichts gelernt. Immer wieder versuchen die, die Arbeiterklasse zu unterdrücken.

„Das sind meine Entwürfe. Das wird der neue Trend. Die Retro-Mode wird wieder total hipp. Ich kenn mich aus", sage ich.

„Die Klamotten hätte vielleicht ein Heinz Erhardt modisch gefunden. Doch selbst diese Behauptung ist schon anmaßend. Damit müssen wir nicht unsere Zeit verplempern", sagt sie.

„Was soll denn das heißen?", frage ich empört.

Die redet wie Simone mit mir. Das kann ich nun gar nicht leiden.

„Ich glaube, wir haben uns verstanden. Wenn Sie Ihre Sachen zurückhaben wollen, schicken Sie uns bitte Rückporto. Haben Sie Kinder?"

„Nein. Wieso?", frage ich.

„Dann machen Sie welche. Spielzeug ist ja bereits vorhanden." Die Frau legt auf.

Unglaublich! Die hat keine Ahnung. Und ich soll Porto dafür bezahlen, damit ich mein rechtmäßiges Eigentum zurückbekomme.

Ich rufe Fred an und frage, ob ich die verklagen kann. Fred sagt, ich hätte ihnen was unverlangt zugeschickt. Die müssten das gar nicht zurückschicken und schon gar kein Geld für Porto ausgeben. In was für einem Staat leben wir eigentlich? Ich werde mich beim Justizministerium beschweren. Das geht doch alles nicht.

„Wenn es nicht so ist, ist es anders." (KK)

Ratschefummel

Intelligente Menschen denken immer jede Menge nach. Das kann echt zum Problem werden. Das viele Denken. Besonders über meine Finanzen mache ich mir oft Gedanken. Ich habe deswegen schon so viele kreative Ideen im Kopf, dass die ganzen Ideen aus Platzmangel meine Haarwurzeln verdrängen. Wenn ich weniger nachdenken würde, hätte ich auch nicht dieses Haarverlust-Problem. Ich sollte gleich mal an Herrn Schwarzkopf mailen und fragen, ob dumme Männer weniger Koffein-Shampoo und Haarwasser kaufen. Da müsste es einen direkten Zusammenhang geben. Wenn die bislang keine aktuelle Studie haben, könnte ich ihnen sofort eine beschaffen. Ich schreibe ihnen für die entsprechende Summe eine wunderbare wissenschaftliche Untersuchung zusammen.

In meiner Wohnung funktioniert das Denken nicht besonders gut. Deshalb gehe ich zum Denken raus. Wenn ich dann mal draußen bin und zum Denken komme, platzt mir fast der Schädel. Kein Wunder, dass ich ständig Haare verliere. Die werden durch die Gedanken regelrecht zurückgedrängt.

Meine vier Räume sind zum Denken einfach nicht geeignet. Im Schlafzimmer denke ich weniger. Da habe ich eher andere Bedürfnisse. Darum heißt das Schlafzimmer ja auch Schlafzimmer und nicht Denkzimmer.

Im Bad liegen die Prioritäten ebenfalls nicht auf dem Denken. Mein Wohnzimmer könnte auch Sitzzimmer heißen. Da sitze ich meistens vor dem Fernseher. Wenn ich sitze, sitze ich und gucke fern oder esse. Das erfordert volle Konzentration. Mehr geht dort nicht. Da ist nicht auch noch Denken drin. Und die Küche ist eindeutig ein Arbeitsraum wegen des kurzen Weges zum Kühlschrank. Wenn ich wegen jedem Bier aus dem Wohnzimmer in die Küche laufen müsste, würde ich jede Menge Minuten verschwenden und hätte weniger Zeit zum Arbeiten. Zeit ist Geld. Folglich habe ich de facto keinen Raum zum Nachdenken und Entspannen. Dabei brauche ich unbedingt ein paar Anregungen. Besonders in Bezug auf künftige Einnahmequellen. Jetzt, wo die Schneckenjagd vorbei ist und ich bei der Frau Dr. Paul erst nächstes Jahr wieder anklopfen darf.

Frauen können eigentlich recht inspirierend sein. Manchmal auch fürs Denken mit dem Kopf. Da gerade keine Frau anwesend ist, könnte ich wenigstens mit einer telefonieren. Ich rufe meine Schwägerin an.

„Hallo", trötet eine Kinderstimme in den Hörer.

„Hier ist auch Hallo. Gib mir mal deine Mutter." Auf inhaltslose Hallo-Diskussionen mit meiner Nichte verspüre ich keine Lust. Schließlich geht es um meine weitere Existenz.

Im Hintergrund höre erst minutenlanges Kindergeschrei, bis das Telefonat beendet wird. Ich rufe erneut an. Diesmal mobil und meine Schwägerin ist auch gleich dran. Wozu haben die eigentlich einen Festnetzanschluss, wenn den die lieben Kleinen nicht ordnungsgemäß bedienen? Da können sie lieber ein Spielzeugtelefon hinstellen. Das macht mehr Sinn und spart Kosten. Ich werde demnächst ein Plastiktelefon kaufen und meine Bankverbindung bei meinem Bruder in Erinnerung rufen. Für die Kostenersparnis, weil er nicht mehr für einen Festnetzanschluss zahlen muss, kann er sich ruhig ein wenig erkenntlich zeigen.

„Hast du einen Tipp? Ich brauche einen besonders kreativen Raum zum Nachdenken", erkläre ich meiner Schwägerin.

„Mehr Denken oder mehr Meditieren?", fragt sie.

„Wie meinst du?"

„Na, willst du dich ablenken oder mehr in dich gehen?", fragt sie.

„Na, ich arbeite immer sehr viel und bin ziemlich angespannt. Da wäre ein Raum zum Meditieren nicht verkehrt. Was meinst du?", frage ich.

„Melde dich zu einem Radierkurs an. In Naumburg an der Saale gibt es das Radierstübchen von Max Klinger. Radieren ist kreativ und zugleich meditativ", sagt sie. Das hört sich super an. Ich bedanke mich für den Tipp.

„Und wenn ich mal was für dich tun kann", sage ich mit einem leisen Funken Hoffnung.

„Danke Knut. Passt schon alles", antwortet sie. Wieder eine Absage, Null Chance bei ihr. Wenigstens haben wir drüber geredet. Ich bin immer total offen und lasse meine Gefühle raus. Da bin ich ganz geradeaus. Das sagt jeder Arzt, dass es einem nicht guttut, Gefühle zu unterdrücken.

Ich sollte gleich eine Liste machen, wem ich unbedingt in Kürze eins in die Fresse hauen muss. Aber die Zähne müssen drinbleiben, sonst unterstütze ich damit einen Klaus-Eckbert. Vielleicht setze ich den auf Platz eins meiner Liste Lass-die-Gefühle-raus-Aktion. Der hätte sich den ersten Platz redlich verdient. Oder ich fange besser mit Günther an. Oder mit meinem Vermieter. Da kann ich in Ruhe beim Radieren drüber nachdenken. Hoffentlich ist das wirklich ein Raum fürs Denken. Erst mal google ich das Radierstübchen und melde mich gleich für das nächste Wochenende an. Auf nach Naumburg, zu Ekkehard und Uta und Max Klinger.

Nun habe ich alles auf den Weg gebracht. Manchmal ist es eben besser, gleich etwas zu tun und nicht lange nachzudenken. Auf der Anmeldung stand nichts Konkretes zum Radieren. Nur, man sollte Zeichenmaterial mitbringen. Ich reiße ein paar Zettel von meinem Einkaufsblock ab, suche Kugelschreiber und Bleistift und finde bei der Gelegenheit in meiner Obstschale ein Radiergummi. Wie kommt der denn da rein? Man gut, dass da kein Obst drinlag. Sonst hätte ich den Radiergummi nie gefunden. Zum Glück bin ich kein Obst-Fetischist. Wegen des vielen Fruchtzuckers. Kohlenhydrate in Flüssigform verträgt mein Körper irgendwie besser.

Bald kann ich zeigen, wie gut ich radieren kann. Der Radiergummi ist wie neu. Wo kommt der überhaupt her? Ah, steht drauf. Werbegeschenk eines Zahntechniklabors. Da hat wohl einer versucht, sich bei der Abrissbirne lieb Kind zu machen. Das hätte ich denen gleich stecken können, dass sie bei dem mehr investieren müssen. Da reicht ein Radiergummi nicht aus.

Ich gucke auf die Uhr, gleich wieder Dönerzeit. Im Moment ist beim besten Willen keine Zeit, mich um die Werbegeschenke von Zahntechnikern zu kümmern. Wenn der Bauch nach Nahrung ruft, ist es mir egal, ob 1,35 Milliarden Chinesen Zahnprothesen auf den deutschen Markt schmeißen und damit die deutschen Zahntechniker in die Arbeitslosigkeit schicken. Ein paar Arbeitslose mehr oder weniger kümmern höchstens die Statistiker und natürlich

Kalle. Der nörgelt immer, dass er viel zu viel Arbeit mit den Arbeitslosen hat.

Ich stehe schon in Jacke auf dem Flur, da meldet sich mein Telefon.

„Ja", sage ich.

„Spreche ich mit Knut Koopmann?", fragt eine Bassstimme.

„Haben Sie die Nummer von Knut gewählt?", frage ich.

„Ja, ich denke schon", sagt der Bass. Jetzt habe ich ihn ein wenig verunsichert. Was bin ich heute wieder für ein Schelm! „Wenn Sie die Nummer von Knut Koopmann gewählt haben, wird Knut Koopmann wohl dran sein", erkläre ich.

„Wenn Sie meinen", sagt der Bass.

„Ich meine nicht nur, ich weiß es."

Langsam werde ich ungeduldig, zumal sich mein Bauch wieder meldet. Hunger kann ich gar nicht ab.

„Wer sind Sie überhaupt?" Seit wann muss ich mich bei Leuten legitimieren, die mich anrufen? Wo kommen wir denn da hin?

„Mücke. Mücke wie Fliege", sagt der Bass, „ich rufe von der Agentur Picturebild an."

„Picturebild? Mann, echt kreativ", kommentiere ich.

„Was?", fragt die Mücke oder besser der Mücke.

„Na, euer Name. Doppelt hält besser. Damit es auch der Dümmste behält. Wie lösen denn eure Models die Haarprobleme?", frage ich.

„Was für Haarprobleme?", fragt der Mücke.

„Vergessen Sie's, nicht wichtig", sage ich. Mein Hungergefühl verstärkt sich und die schlechte Laune entsprechend auch.

„Wir haben Sie in unserer Modelkartei. Da haben Sie mal eine Bewerbung geschickt", jetzt kommt der Mücke endlich zur Sache.

„Ja, aber das ist mindestens zehn Jahre her", sage ich.

„Genau, jetzt haben Sie für uns das richtige Alter und Sie zeigen deutlich Altersspuren", sagt der Mücke.

Nun wird er auch noch dreist. „Was heißt hier Altersspuren?", frage ich.

„Bauchansatz, Falten um die Augen, Haarausfall?"

„Hhm", ich räuspere mich.

„Haben Sie das?", fragt der Mücke hartnäckig.

„Ja", gebe ich zu, wenn auch ungern.

„Prima! Dann können wir Sie gut für eine Kampagne einsetzen, da brauchen wir was Älteres", sagt der Bild-Agenturfutzi.

„Das passt im Moment überhaupt nicht", sage ich, „ich bin für etwas anderes gebucht und das nächste Wochenende nicht in Hamburg."

„Und nächste Woche Mittwoch?", fragt der Bass.

„Moment, ich schau nach", sage ich.

Ich zähle langsam bis zehn. Mein Kalender zeigt keine Termine. Aber das muss der Mücke nicht wissen. Wenn man sich rar macht, steigt der Preis.

„Hm, wie viel verdient man denn bei Ihnen?", frage ich.

„Zweihundert für den Vormittag", sagt der Mücke, „mehr Zeit werden wir nicht brauchen. Ich schweige ein paar Sekunden.

„So, so", sage ich betont langsam.

„Also zweihundertfünfzig ist das Maximum", sagt er.

„Ja, geht klar", sage ich, bevor er es sich anders überlegt. Ich notiere mir die Adresse vom Fotostudio.

An eine Karriere als Model hatte ich bislang nicht gedacht. Was mache ich, wenn eine Anfrage vom Playboy kommt? Da muss ich beim Radierkurs mal meditativ in mich gehen. Das ist natürlich eine Frage des Preises. Nackte Tatsachen steigern die Nachfrage. Dann müsste mir Günther demnächst für meine Artikel das Dreifache zahlen, wegen meiner Popularität. Ich sollte mal bei Michaela May nachfragen, was so ein Foto langfristig bringt. Aber für oder besser gegen den Bauch müsste ich noch ein bisschen tun. Vielleicht ein wenig Pilates. Da wären sicherlich auch jede Menge Frauen in einem Pilates-Kurs und ich der einzige Mann. Jedenfalls hat noch nie ein Mann zu mir gesagt: „Morgen kann ich mit dir nicht in die Kneipe, da gehe ich zum Pilates." Aber erst mal geht es zum Radieren und dann kümmere ich mich um die Model-Karriere.

Zwei Tage später sitze ich mit sechs weiteren Mitstreitern im Radierstübchen von Max Klinger und lausche dem Kursleiter, der über Drucktechnik referiert. Nachdem ich eine ganze Weile zugehört habe, bemerke ich: „Ich dachte, das sei hier ein Radierkurs. Eine Ausbildung zum Drucker wollte ich hier nicht ableisten."

„Geduld, der Herr", meint der Kursleiter.

Demonstrativ packe ich Bleistift und Radiergummi aus. „Dann können wir mal loslegen. Ich war schon zu Schulzeiten Radier- und Tintenkillermeister. Ich hab alles weggekriegt, auch die fünf in Mathe, Englisch und Sport. Profimäßig wegradiert im Klassenbuch. Ich war so gut im Radieren, dass ich fast einen Auftrag für die Hitlertagebücher bekommen hätte. Aber das scheiterte am Preis. Die Mittelsmänner von Kaka wollten nichts zahlen."

„Wer ist Kaka?", fragt der Kursleiter.

„Verfilmte Geschichte. Da haben sie mich wieder übern Tisch gezogen. Das hat mir natürlich keiner gesagt, dass die Verfilmung später ordentlich Tantieme gebracht hätte."

„Verstehe ich nicht", sagt der Kursleiter.

„Geschichte. Ebenso wie Honecker", erkläre ich. Wenn ich über politische Bildung diskutieren will, mache ich Bildungsurlaub und keinen Radierkurs. Ich bin angereist, um hier zu meditieren und meine Mitte wiederzufinden. „Wo ist überhaupt Max Klinger? Ich denke, das ist sein Atelier hier! Da heißt es Radieren im Atelier von Klinger und dann ist der überhaupt nicht da? Wie unhöflich ist das denn?"

„Der ist verstorben", sagt der Kursleiter ohne einen Anflug von Anteilnahme.

„Oje", sage ich, „der ist tot? Warum sagt mir das denn keiner? Hätte ich das gewusst, hätte ich doch ein paar schwarze Klamotten eingepackt. Allein aus Pietätsgründen. Wann ist denn die Trauerfeier?"

„Der ist schon länger tot", erklärt eine Kursteilnehmerin in genervtem Tonfall.

„Seit 1920", sagt der Kursleiter.

Wie gut, dass alle im Thema sind, nur mich hat keiner informiert.

„Also sind wir nun zum Radieren hier oder wollen wir uns mit Kunstgeschichte befassen?", fragt eine Rentnerin namens Karla aus dem Kurs.

Das ist schon auffällig, dieses überdurchschnittliche Lebensalter der Kursteilnehmer, alle jenseits der sechzig, nur Frauen und nichts für mich dabei. War irgendwie klar! Wer hat auch sonst Zeit in den Ateliers von toten Künstlern abzuhängen? Überall dasselbe: Und täglich grüßt die Schlosspartie.

„Ja, können wir endlich anfangen?", frage ich und gucke den Kursleiter provozierend an. Ich kann total provokativ gucken. „Wir sind hier schließlich nicht bei der Deutschen Bahn", ergänze ich.

„Selbst im Zweiten Weltkrieg waren die Züge pünktlicher als heute", meint Karla.

Alles klar, denke ich, die muss es wissen, so alt wie die aussieht.

Nachdem ich sofort verstanden habe, dass man beim Radieren sein Motiv in eine Kunststoffplatte graviert, ritze ich sofort los. Ich mach mir ein 1a-Logo. Als erfolgreicher Macher brauche ich eine Geschäftsausstattung, die was hermacht. Mein Slogan: „Knut – der Mercedes unter den Journalisten!" Ich graviere das in kunstvollen Buchstaben in die Platte, die gleich darauf mit roter Farbe durch die Walze geht. Rot hat Signalkraft. Ich setze mit meiner Sprache schließlich Signale. Das hat nur noch nicht jeder verstanden, vor allem Günther nicht. Gespannt gucke ich nach dem bedruckten Papier.

Der Kursleiter lacht. Was gibt's denn da zu lachen? Das ist ein durchaus ernstgemeinter Slogan.

„Sehen Sie was?", fragt der Kursleiter und hält mir das feuchte Papier mit meiner genialen Radierung vor die Nase.

Die Höflichkeit verbietet mir ihn zu fragen, ob ich Maulwurf heiße.

„Ja, wieso?", frage ich.

„Die Schrift ist verkehrt. Sie hätten die Buchstaben in Spiegelschrift gravieren müssen, damit sie lesbar sind", meint der Kursleiter und wie ich finde, schwingt in seiner Stimme etwas Schadenfreude mit.

„Nein, das ist ganz korrekt so", erwidere ich. Jetzt guckt er sparsam. Hab ich mir gedacht, dass der mich nicht versteht. „Ich erwarte halt von meinen Mitmenschen eine gewisse Intelligenz. Also nicht unbedingt von Zahnärzten, aber von allen anderen. Einen IQ von Hundert muss man bei mir schon mitbringen. So für die Transferleistung. Wenn Sie wissen, was ich meine." Natürlich würde er jetzt niemals zugegeben, dass er nicht weiß, was ich meine und nickt zustimmend. Na, also. Geht doch. Ich könnte die Spiegelschrift sogar auf dem Kopf lesen, so intelligent wie ich bin.

Der Kurs ist schneller vorbei als gedacht. Ich habe dann gleich noch ein wildes Muster als Radierung entworfen. Das könnte ich demnächst vielleicht doch Takko als neues Stoffdesign anbieten oder ich präsentiere das der Hamburger Kunsthalle. Dann müssten die jedoch ein paar von den Liebermännern abhängen. Die Gemälde würden mit meiner Kunst nicht richtig harmonieren. Da müssen die Kuratoren schon drauf Rücksicht nehmen. Auf das Auge des Betrachters. Ein echter Knut braucht viel Raum zur Entfaltung. Meine Schwägerin hatte Recht. Ich konnte bei dem Kurs richtig in mich gehen und alles aus mir rausholen. Jetzt habe ich wirklich die Kraft für den geplanten Model-Auftritt. Geistiges Wohlbefinden spiegelt sich schließlich auch im Körper wider.

Die vier Jungs, die sich meine Freunde nennen, müssen bis übermorgen ihr Bier ohne mich trinken. Als Top-Model muss ich schließlich ein wenig auf meine Figur achten.

Weltkulturerbe

Am nächsten Abend sitze ich mit Basti bei Döner-Ali. Wir erörtern mein Dasein als Top-Model. Da ich morgen das erste Foto-Shooting habe, muss ich mich schon mal mit dem Leben eines weltweit gefragten Models auseinandersetzen. Schließlich will man für alle Eventualitäten gerüstet sein. Man ist ja nicht mehr der Jüngste und braucht eine gewisse Vorbereitungsphase, um sich auf veränderte Lebenslagen einzustellen.

Vor vier Jahren, als ich Simone verlassen habe, hatte sie sofort die Abrissbirne am Start. Noch nicht mal eine Trauerphase hat es bei ihr gegeben. Frauen sind da wohl anders gestrickt und finden sich in einem neuen Beziehungsumfeld sofort zurecht. Kaum ist das Bett am Auskühlen liegt bereits der nächste drin. Vor lauter Frust aufgrund ihrer Pietätslosigkeit musste ich mich damals mit der frigiden Carola trösten. Naja, ein richtiger Trost war die nicht. Ständig hat sie mir die Ohren vollgeheult, dass ihr Gatte sie betrogen und mit ihrer kleinen Tochter sitzen gelassen hat. Die Tochter war damals wohlgemerkt dreiundzwanzig und wohnte immer noch zu Hause.

Wenn ich ihr Geheule abends im Bett durch lustige Nummern vertreiben wollte, hatte Carola bestimmt ihre Menstruation, Darmbeschwerden oder was Ähnliches. So oft wie die ihre Menstruation hatte, hat der Monat nicht Tage im Kalender. Da habe ich meine Samenspenden für Carola zurückgehalten und Trost bei Lena gesucht. Lena war dummerweise mit einem ausgesprochen aggressiven Mann verheiratet. Von Haus aus Jurist. Der wusste, wie er ungestraft seine Aggressionen abbauen konnte.

Seinetwegen musste ich eines Nachts zig Stunden mit blutender Stirn im Universitätskrankenhaus Eppendorf in der Notaufnahme sitzen. Lena ist dann reumütig zur Justitia zurückgekrochen, Carola ist schnell nach Feldgeding ins Bayernland abgewandert, und ich war fast reif für die Psychosomatische.

Zum Glück hatte ich damals meine Freunde. Nichts geht über gut funktionierende Männerfreundschaften. Da trinkt man zusammen ein Bier und versteht sich ohne Worte. Keine fruchtlosen Beziehungsdiskussionen. Die guten Freunde haben mir den Aufenthalt in der Heilanstalt erspart und die Krankenkasse hat sich die Hände gerieben, weil sie mehr Geld für nicht ausgegebene Behandlungen zur Seite schaffen konnte. Bei den ganzen Beträgen, die die Krankenkasse durch mich gespart hat, wäre doch demnächst mindestens ein Wellness-Urlaub für mich und meine Freunde drin. Nichts Großartiges. Einfach nur im Fünf-Sterne-Kasten auf Sylt relaxen. Ich werd's im Auge behalten.

Und heute trinke ich ausnahmsweise kein Bier trinke. Dafür habe ich Ali gebeten, mir einen möglichst kurz gezogenen Tee im Bierglas zu servieren. Die Türken legen Wert auf einen Tee, dessen Farbe fast schwarz ist und mindestens zwanzig Minuten gezogen hat. Wenn ich aus Figurgründen schon kein Bier trinken kann, sollte der Tee wenigstens wie Bier serviert werden. Ali bringt mir also lauwarme Teeplörre im Bierglas. Allerdings vermisse ich den Schaum. Den hätte er mit aufgeschäumter Milch prima hinbekommen. Doch ich will nicht meckern.

Als ich am nächsten Morgen vor dem Badezimmerspiegel mit meinen Muskeln spiele, finde ich, dass die beiden bierfreien Abende echt was gebracht haben. Ich kann mich als Model durchaus sehen lassen.

Froh gestimmt fahre ich mit dem Fahrrad zur Location für das Fotoshooting. Im Nachbarhaus ist der Keksbäcker und es duftet aus seiner Backstube. Wenn hier der Diät-Vormittag abgeschlossen ist, muss ich da mal unbedingt ins Ladengeschäft.

Location klingt allemal besser als Halle. Eigentlich ist es eine Halle mit grauen Betonwänden. Die Handwerker haben dort eine Art Badezimmer gebaut. Jedenfalls steht da ein Klo und die Rückwand ist in hellem Wasserblau gestrichen.

„Ah, Knut, schön, dass du da bist", begrüßt mich ein süßer Fratz, der die Maskenbildnerin ist, „willst du einen Kaffee?"

Ich nicke und denke, ich nehme dich gern dazu. Der süße Fratz verschwindet und hält mir kurz darauf einen duftenden Cappuccino vor die Nase. Das Leben ist eines der schönsten. Über ihrem Arm hängt eine Art braunes Polyesterfell.

Ich setze mich mit dem Cappuccino in eine Ecke und beobachte das Geschehen. Die Fotografin klebt für bessere Lichtverhältnisse die Fenster mit Folie zu. Ihr Assistent baut die Technik auf. Dann erscheint, wie ich zugeben muss, ein sehr schöner Mann auf der Bildfläche. Er sieht einen Tick besser aus als ich: Groß, schlank, durchtrainiert, volles dunkles Haar, verwegener Drei-Tage-Bart und ein markantes Gesicht mit einem sympathischen Lächeln. Er gibt mit freundlich die Hand und stellt sich als Benjamin vor. Da haben seine Eltern aber eindeutig einen Fehler gemacht, mit dem Namen. Der nimmt ihm doch sämtliche Erotik. „Ich liebe dich, Benjamin" klingt nach einem Weichspülerteddy.

„Gut, wenn jetzt alle da sind, erkläre ich mal die Aufnahmen, bevor ihr in die Maske geht", sagt die Fotografin. Wird auch Zeit. Wenn das hier zu lange dauert, hat der Keksbäcker nebenan womöglich schon geschlossen.

„Es geht hier um eine Werbekampagne für einen Tee gegen Durchfall und Blähungen. Benjamin, du setzt dich gleich im Pyjama hier aufs Klo und hältst dir den Bauch, als ob du Krämpfe hättest. Und du, Knut, du ziehst das hier an und wirfst dich wie eine Kugel auf den Fußboden." Sie hält mir das Polyesterfell hin.

Das Thema Durchfall ist mir mit meiner Vorerfahrung natürlich bestens vertraut. Doch, was soll das blöde Fell?

„Was ist das?", frage ich, „das sieht aus ein wie Ganzkörperkondom."

„Genau", sagt die Fotografin, „da sind aber zwei Sehschlitze zum Durchgucken drin."

„Und was soll ich darstellen?", frage ich.

„Du bist der Furz, der wegfliegt", meint die Fotografin und sieht mich an, als wenn sie mit einem Idioten reden würde.

„Was ist das hier für eine Nummer? Dafür habe ich zwei Tage auf Bier verzichtet und plörrigen Tee ohne Milchschaum getrunken?", frage ich.

„Also Knut, wenn du das Geld hier nicht verdie…"

„Doch, doch!", unterbreche ich die Fotografin. „Ich bin gern ein Furz. Ich wollte schon immer mal gern ein Furz sein. Ich bin dafür die Idealbesetzung!"

„Gut. Das ist hier sozusagen das Horrorszenarium. Der Benjamin leidet an Durchfall und Blähungen. Was ihm dann hilft ist der Antibläh- und -durchfall-Tee. Wir fotografieren also heute erst das Horrorszenarium. Morgen machen wir die Fotos von Benjamin, wie er dank des Tees Schweinshaxe und Klöße essen kann. Knut, für die Aufnahmen morgen brauchen wir dich nicht mehr. Auf geht's!"

War klar, dass die Schweinshaxe an mir vorbeigeht. Egal, Klöße esse ich ohnehin nicht gern.

Benjamin und ich verschwinden gemeinsam in der Maske. Ich quetsche mich in das Polyesterfell, während Benjamin schön blässlich geschminkt wird.

Eine halbe Stunde später bin ich der wegfliegende Furz. Ich finde, ich bin der beste fliegende Furz, den die Welt je gesehen hat. Die Fotografin ist jedoch nie zufrieden. Mal fliege ich zu kurz, mal zu lang, mal nicht rund genug. Nach dem zwanzigsten Flugversuch holt der Assistent wenigstens eine Yoga-Matte, damit ich nicht ganz so hart falle. Mit den blauen Flecken, die ich morgen haben werde, kann ich gleich Werbefotos für Kühlpads machen.

Nach mehr als dreißig Flügen ist die Fotografin endlich zufrieden und ich klatschnass.

„Was ist denn mit einer Schnupfen-Zulage?", frage ich die Fotografen.

„Wie meinst du das?", fragt die Fotografin.

„Vergiss es!" Die wird schon merken, wenn ich ihr die Arztrechnung schicken muss. Nass geschwitzt wie ich bin, ist der Schnupfen vorprogrammiert.

Jedenfalls kriege ich mein Honorar gleich in bar. Wenigstens etwas. Anders als bei Günther. Vielleicht sollte ich mal einen Artikel über Blähungen schreiben. Ich könnte der Apotheken-Rundschau was Stilvolles schreiben, so eine Art Drama. Ich würde so dramatisch über Blähungen berichten, dass ich in die Literaturgeschichte eingehe. Generationen von Studenten werden im Germanistik-Studium Schillers Räuber in die Ecke werfen und stattdessen Referate über diesen Artikel halten, wahrscheinlich auch Masterarbeiten darüber schreiben.

Als ich die Location verlasse, gehe ich auf direktem Weg zum Keksbäcker. Die zwei 300-Gramm-Tüten mit Keksbruch habe ich mit an diesem Vormittag mehr als redlich verdient. Jawohl.

Am nächsten Tag ruft Detlef an und fragt mich, ob ich Lust zum Grünkohlessen hätte.

„Bei dir?", frage ich und hoffe, dass er auch die anderen Jungs einlädt, damit ich mit ihm und seiner Frau nicht allein am Tisch sitze.

Detlef ist ja in Ordnung, aber die Frau ist einfach unmöglich. Die zählt mir jedes Bier vor. Und zum Grünkohl braucht man doch Bier. Ohne das geht es nicht. Und hinterher einen Lütten zum Runterspülen.

„Nein, ich dachte wir fahren raus", antwortet Detlef.

„Hast du Ausgang?", frage ich.

„Ja. Meine Frau fährt zu einer Freundin."

„Länger?"

„Nee, nur bis morgen", sagt er.

„Schade", sage ich.

„Für wen?", fragt er.

„Für deine Frau. Da kommt sie mal raus aus ihrem Reihenhaus und dann nur für eine Nacht. Bist du sicher, dass sie zu einer Freundin fährt?", frage ich.

„Wohin soll sie denn sonst fahren?", fragt er. Seine Stimme stockt etwas.

196

„Ja, wohin sollte sie auch fahren, wenn nicht zu ihrer Freundin", sage ich. „Wo gibt's denn Grünkohl?"

„In einem Gasthaus in Pinneberg", sagt Detlef.

„Wie, so weit weg?", frage ich.

„Das sind von dir zwanzig Minuten mit der S-Bahn", meint Detlef.

„Ja, ich sag doch. So weit weg."

„Willst du nun mitkommen oder nicht?", fragt Detlef.

„Wer kommt noch?"

„Basti und Kalle. Fred kann nicht. Der hat morgen Gerichtstermin."

„Was hat er gemacht?", frage ich.

„Jura studiert?", antwortet Detlef.

„Stimmt, das war mir gerade entfallen. Ich hatte gestern Vormittag ein anstrengendes Fotoshooting. Davon bin ich etwas ermüdet im Hirn."

Eigentlich wollte ich Detlef von meiner herausragenden Rolle erzählen. Doch der fragt nicht weiter nach. Dann eben nicht. Aber soll hinterher ja nicht ankommen, dass ich ihm in meinem nächsten Hollywood-Film eine kleine Nebenrolle besorgen soll. Da beißt er bei mir auf Granit.

„Kommst du nun mit oder nicht?", fragt Detlef.

„Gut, ich bin dabei."

Das Pinneberger Gasthaus ist rappelvoll. Ich wusste gar nicht, dass Pinneberg so viele Einwohner hat. Ich dachte immer, dass wäre ein Dorf. Recht laut sind die Pinneberger. Hätte ich vorher gewusst, dass die Pinneberger die lautesten Einwohner Norddeutschlands sind, hätte ich sicher Ohropax mitgebracht. Unter Freunden kann man durchaus mal schweigend genießen. Bevor wir gegen den Geräuschpegel anschreien, sagen wir lieber gar nichts und konzentrieren uns auf Kassler, Wurst und Grünkohl. Das gibt es nämlich satt. Und dazwischen immer was zum Runterspülen.

„Detlef, man gut, dass deine Angetraute heute nicht da ist!", eröffnet Kalle schreiend das Tischgespräch.

„Wieso?", brüllt Detlef zurück.

Basti demonstriert mit den Lippen Pupsgeräusche, die man auch versteht, wenn man nicht hören kann.

„Ich weiß ein Mittel!", mische ich mich ein, „einen Anti-Pups-Tee! Der wirkt gegen Geruchs- und Geräuschbelästigung nach übermäßigem Grünkohlverzehr."

Ja, ich kenn mich aus. An mir ist bestimmt ein Pharmazeut verloren gegangen. Außerdem bin ich ja Botaniker durch und durch. Anthropologische Homöopathie mit dem Schwerpunkt auf anti-blähenden Heilkräutern ist mein Spezialgebiet. Das schreit nach einem bahnbrechenden Artikel in einem Sensationsmagazin.

„He, Knut, du alter Gustav!", ruft Basti, „wir reden hier über das Weltkulturerbe und du kommst mit blödem Antibläh-Tee. Das will kein Mensch wissen."

Basti blickt in die Runde und die anderen nicken.

„Welches Weltkulturerbe?", frage ich.

„Hörst du kein Radio?", schreit Basti.

„Nee, geht nicht, seit einer Woche übernachtet bei mir vor der Wohnungstür ein GEZ-Mitarbeiter. Der lauert darauf, dass ich das Radio einschalte. Tue ich aber nicht. Fernseher und Radio stehen im Schrank. Der kann da meinetwegen so lange liegen, bis ihn ein Bestattungsunternehmer abholt. Also, was ist mit Weltkulturerbe?"

„Der Grünkohl ist bald Weltkulturerbe! Das sagen sie jeden Tag im Radio", ruft Kalle, „Grünkohl muss man nicht mit Antibläh-Tee bekämpfen. Den genießt man bis zum letzten Pups!"

„Ach so ist das. Na, dann!", schreie ich zurück und gebe beim Kellner eine Bestellung auf.

Kurz darauf bringt er vier Bier und vier Lütte. Die Pinneberger sind zwar ziemlich viele und verdammt laut, aber vom Alkohol und Weltkulturerbe verstehen sie was. Das muss man ihnen lassen.

Hirnsport

Nun ist wieder eine Woche rum und kein neuer Auftrag in Sicht. Wenn das so weitergeht, steht demnächst der Inkassodienst Moskau bei mir vor der Tür. Wie ich meinen geldgierigen Vermieter einschätze, wäre ihm das zuzutrauen. Basti hat diese Woche keine Zeit, mich auf Bier und Döner einzuladen. Wahrscheinlich ist die dicke Paula wieder bei ihm eingefallen. Das kann man doch seinem besten Freund ruhig erzählen. Die mache ich ihm ganz bestimmt nicht abspenstig. Ich bin schließlich ein Mann mit einem ausgeprägt guten Geschmack. Nicht nur, was die Optik anbelangt. Auch im Kopf muss bei einer Frau was drin sein. Sonst kann sie hinterher meinen geistreichen Worten gar nicht folgen, geschweige denn sie verstehen. Eine Frau zum Angucken und Anfassen reicht nicht.

Ich habe da schon einen gewissen Anspruch. Denn mein Kopf ist voller geistreicher Einfälle. Wenn jemand jedes zweite Wort meiner Ausführungen im Duden nachschlagen muss, dauert ein Gespräch Stunden um Stunden. Man kommt zu nichts anderem mehr. Ist nur am Blättern. Selbst zum Pizza in den Ofen schieben reicht die Zeit nicht mehr. Ich kann beim besten Willen nicht das ausgleichen, was die Lehrer in der Grundschule versäumt haben. Das bezahlt mir kein Mensch. Ich werde mich mal an der Uni umtun. Da läuft doch unsere geistige Elite rum. Dort finde ich bestimmt eine hübsche Professorin oder zumindest Doktorin, die meinem Intellekt gewachsen ist. Ich will ja keine Frau frustrieren, weil sie mit meiner Intelligenz überfordert ist. Das bringt für niemanden was. Hauptsache, ich finde vor meinem Ableben noch eine passende Frau.

Sonst müssen Simone und Klaus-Eckbert meine Beerdigung bezahlen. Ich werde Simone demnächst aufschreiben, wie ich mir meine Besetzung vorstelle. Ein schöner Stein muss schon sein, aber matt. Kein polierter Marmor. Ich bin eher der naturverbundene Typ. Ein paar hübsche Orchideen wären auf meinem Grab auch nicht schlecht. Aber nicht die billigen von Blume 2000. Die sollten ein bisschen was hermachen. Orchideen sind schließlich mein Spezialgebiet.

Eines Tages werden all die Orchideen-Liebhaber zu meinem Grab pilgern und sich unter Tränen verneigen, weil ich ihnen die zauberhafte Welt der Orchidaceae nahegebracht habe. Meine Beisetzung und die Grabpflege kann ruhig Klaus-Eckbert bezahlen. Der ist indirekt für meinen Tod mitverantwortlich. Er hat mich ins Single-Dasein und diese unglaubliche Einsamkeit getrieben.

Ich fingere nach meinem Taschentuch. Die Vorstellung meines frühen Ablebens treibt mir Tränen in die Augen. Ich sollte sehen, dass ich flugs zur Uni radle, damit der Tag X nicht allzu schnell eintritt und ich bis dahin noch etwas Spaß habe.

Ich gucke in meinen Kleiderschrank. Meine Jogginghose sieht zwar recht jugendlich an mir aus, aber vielleicht ist intellektuellere Kleidung für die Uni angebrachter. Da kommt meine Persönlichkeit gleich zum Ausdruck und keine Frau verwechselt mich mit einem Studenten. Als Mann mit Lebenserfahrung und überdurchschnittlicher Intelligenz stehen mir natürlich anmutende Brauntöne. Schwarz würde mich im Moment zu sehr an meine Beerdigung erinnern. Ich entscheide mich für eine Jeans, hellbraunen Rolli und einen roten Schal. Der Schal gibt meinem Teint wirklich eine gewisse Frische. Wenn im Moment schon nicht die Aussicht auf einen intelligenten Job besteht, dann wenigstens die Aussicht auf eine intelligente Frau. Ich werde mich an der Uni mal ein wenig umtun.

Auf dem Campus ist ordentlich was los. Da ist so viel los, dass man sich fragt, wer eigentlich in den Hörsälen und Seminaren sitzt. Da ist wahrscheinlich gähnende Leere. Das hätte es zu meiner Seite nicht gegeben. Da hat man sich für um ein paar Quadratmeter Sitzfläche auf dem Linoleumfußboden fast geschlagen. Also ich weniger. Ich bin ja nicht so für Gewalt, eher Pazifist und finde nichts schrecklicher als überfüllte Hörsäle. Während des Studiums habe ich ständig anderen meinen Platz auf dem Fußboden überlassen. Ich war schon immer sehr sozial eingestellt. Deswegen hat das Studium auch etwas länger gedauert.

Und sagt da hinterher irgendeiner: „Danke, Knut, dass du mir deinen Platz überlassen hast?"

Nee, nee. Die anderen waren schneller fertig und haben einem erst die besten Arbeitsplätze weggeschnappt und später die Frau.

Die Mädels auf dem Campus nehmen von mir keine Notiz. Das ist meine Aura. Die kann manchmal bei der Kontaktanbahnung etwas hinderlich sein.

Die nächste Stunde schaue ich in die Eingangsbereiche der verschiedenen Fakultäten. Bei den Wirtschaftswissenschaftlern und Juristen spielen fast nur Männer in der Professorenliga. Bei den Soziologen sieht es etwas besser aus. Doch die Vornamen lassen auf deutlich ältere Semester schließen. Eine Birgit, Jutta oder Andrea sind bestimmt weit jenseits der 40 und mitten im Klimakterium. Nach Stress mit hormonreduzierten Frauen ist mir derzeit überhaupt nicht. Stress hatte ich in letzter Zeit genug.

Da bietet die Dozententafel bei den Neuropsychologen doch ein erfreulicheres Bild. Fast nur Frauen von Master über Doktor bis Professor. Hier bin ich richtig.

Die abgewrackten vermutlich aus den 70er Jahren stammenden Flachdachbauten sind nicht gerade einladend. Wahrscheinlich schon alles marode. Hier braucht man bei Regen sicher auch im Gebäude einen Schirm und ich habe keinen dabei.

Ich setze mich im dritten Stock vor eine gläserne Tür mit der Aufschrift „Labor – hier klingeln." Da lasse ich mich nicht lange bitten, werfe meinen roten Schal locker über die Schulter und drücke den Schalter. Kurz darauf kommt eine sehr hübsche langbeinige, blonde Frau über den Gang auf die Glastür zu und öffnet.

Ihre Worte „Haben Sie einen Termin?" klingen wie der Lockruf der Loreley in meinen Ohren. Ich starre sie verzückt an.

„Sind Sie ein Proband?", tönt ihre zarte Stimme etwas lauter, „hallo! Nehmen Sie an der bezahlten Studie teil?"

Beim Wort „Bezahlen" kehre ich sofort wieder in die Realität zurück. „Nein, noch bin ich kein Proband. Gib's Geld, bin ich gern Proband, stehe sofort zur Verfügung."

„Warten Sie, ich hole Dr. Schacht-Schneider." Die Loreley lässt mich stehen und verschwindet in einer der Büroräume.

Hoffentlich ist Dr. Schacht-Schneider ebenso hübsch. Dann will ich gern Proband sein, für gutes Geld und zusätzlich was fürs Auge. Dr. Schacht-Schneider ist eindeutig männlich. Er bittet mich in sein Büro. Ich bin etwas enttäuscht. Normalerweise lässt ein Doppelname meist auf eine Frau schließen. Aber Psychologen ticken wahrscheinlich anders. Hoffentlich verliebt er sich nicht in mich.

Dr. Schacht-Schneider nimmt wenig Rücksicht auf meine Befindlichkeiten, sondern verfällt in einen Monolog. Am Ende habe ich zumindest so viel verstanden, dass er noch Probanden für ein spezielles Training des Kurzzeitgedächtnisses sucht. Außerdem gibt es sieben Euro die Stunde. Das ist natürlich weit unter dem Mindestlohn, den der wohlgenährte Sigmar aus Goslar propagiert. Aber Menschen, die aus Goslar kommen, leben in ihrer eigenen Welt. Das habe ich bei „The Monuments Men" vom guten alten Georgi gelernt. Das reale Arbeitsleben kennen die nicht. Ein ausbeuterischer Stundenlohn von sieben Euro ist für mich allemal besser als eine Stunde Freizeit ohne Lohn.

Lang und breit erklärt mir Dr. Schacht-Schneider seine Studie zur Plastizität des Arbeitsgedächtnisses. Das Arbeitsgedächtnis soll ein Teil des Kurzzeit-Gedächtnisses sein. Er will rausfinden, ob gezieltes Training Einfluss auf das Nervenzentrum hat und dadurch neue Strukturen entstehen können oder wie diese Strukturen genutzt werden. Also bei mir ist schon so viel drin, dass da gar kein Platz für neue Strukturen ist. Das sieht jeder, dass meine Hirnkapazität unheimlich viel Platz braucht. Das habe ich schon immer gewusst, aber wenn die das jetzt in einer neurologischen Studie untersuchen wollen. Mir soll's recht sein. Mindestlohn wäre mir natürlich etwas rechter als die sieben Euro. Aber was soll man machen? Da muss ich halt jeden Trainingstermin ganz, ganz langsam angehen lassen.

Jede Minute zählt und bringt bares Geld. Als erstes soll ich gleich morgen ins Uni-Krankenhaus Eppendorf, zum MEG. Magnetoenzephalographie. Man gut, dass ich als erfolgreicher Journalist weiß, wie man sich Informationen beschafft. Einmal ins Netz geguckt und schon kennt man ein neues Wort. Und dann noch so ein wissenschaftliches dazu. Wenn beim MEG meine Hirnströme gemessen werden, ziehen mir die Magnete hoffentlich nicht die letzten Haare raus. „Zu den Risiken fragen Sie Wikipedia oder ihren Frisur" – dieser Hinweis müsste jedem Probanden mit auf den Weg gegeben werden. Aber was interessiert einen Dr. Schacht-Schneider mein Haar? Der hat ja selbst kaum was.

Gleich am nächsten Vormittag werde ich im Uni-Krankenhaus von einer bildhübschen Dr. Hanna Hanson verkabelt.

„Mensch, dass ich das noch erlebe! Diesen Bonus. Sieben Euro die Stunde und dann noch was fürs Auge!", schäkere ich, während mir die Frau Doktor eine Elektrode auf die Nase klebt.

„Das hat sich gleich erledigt. Hier ist nichts zu gucken", gibt sie völlig unberührt zurück. Wenigstens ein Lächeln hätte sie sich abringen können.

„Sie sitzen unter dem MEG-Gerät gleich in einem schalldichten, dunklen Raum und tragen eine Schlafmaske. Wir konzentrieren uns voll auf das Gehirn und analysieren die Hirnströme im Bereich Ihres Arbeitsgedächtnisses. Erst wird festgehalten, was vorhanden ist", erklärt die Neurowissenschaftlerin.

„Da ist jede Menge vorhanden! Das braucht man nicht zu messen! Das merke ich jeden Tag, wie viel da drin ist!

Das kannst du glauben!", protestiere ich. Das lass ich mir nun nicht gefallen, dass jemand anzweifelt, ob in meinem Hirn was drin ist. Auch nicht von einer hübschen Frau Doktor.

„Sie", sagt sie, „wir sind per Sie, falls das in Ihrem Kurzzeitgedächtnis abhandengekommen sein sollte."

Ich schweige beleidigt und lasse sie weiter Kabel an meinem Kopf befestigen.

Kurze Zeit später sitze ich im dunklen Raum und die erste Messung läuft. Hirn in Ruhestellung. Ich bemühe mich, möglichst gar nichts zu denken. Das hat sie jetzt davon. Bewusst friere ich jegliche Denkleistung ein. Wahrscheinlich stellt die MEG-Maschinerie gerade meinen Hirntod fest.

Nach der Ruhe-Messung folgt die erste Übung. Über Kopfhörer soll ich auf Stimmen hören. Die einzige Stimme, auf die ich immer hören sollte, ist einzig und allein meine innere Stimme. Ich konzentriere mich auf die sieben Euro. Die Schlafmaske ist eigentlich ganz gemütlich. Die sollte ich mir für Zuhause anschaffen, damit mich das Sonnenlicht nicht aus dem Schlaf reißt. Kopfarbeiter brauchen erwiesenermaßen jede Menge Schlaf. Ich habe noch nie gehört, dass jemand daran verstorben ist, weil er zu viel geschlafen hat. Ausgiebiger Schlaf ist eben gesund. Auch tagsüber.

Über Kopfhörer kommt die Ansage zur ersten Übung. Eine Zwei-Zurück-Übung. Ich soll mir merken, ob die vorletzte Stimme mit der gerade gehörten übereinstimmt. Sind die Stimmen identisch, muss ich an einem Gerät die linke Taste drücken, sind sie nicht identisch, die rechte. Die Stimmen sagen das durchaus zur Diskussion anregende Wort: BEFA. Wer hat sich dieses bedeutungslose Wort ausgedacht? So würde ich noch nicht mal meinen Hund nennen.

Frauen- und Männerstimmen in verschiedenen Tonlagen tröten mir das Wort BEFA ins Ohr. Ich lass es erst mal langsam angehen und drücke abwechselnd die linke und rechte Taste. Nachdem die erste Hörübung abgeschlossen ist, kommt eine Bandansage: „Das war wohl etwas schwierig. Versuchen Sie es noch einmal!"

Nun mach mal halblang. Für sieben Euro können sie ja nun keine Höchstleistung erwarten! Ich ziehe nach dem gleichen Schema die nächsten sieben Hörübungen konsequent durch. Mal links, mal rechts. Manchmal drücke ich auch zweimal rechts und einmal links. Das bringt ein wenig Abwechslung.

In der Pause kommt die gute Hanna Hanson rein und fragt: „Sind Sie eigentlich schwerhörig?"

„Nö, wieso?", frage ich.

„Unmusikalisch?"

„Ganz im Gegenteil. Ich war lange in verantwortlicher Position in der musikalischen Früherziehung tätig."

„Sie drücken fast immer falsch. Sie sollten sich mehr konzentrieren, sonst sind Sie als Proband leider völlig ungeeignet."

Hübsch hin oder her. Wenn es an meine Ehre geht, lasse ich mich doch nicht von einer Hanna abspeisen, auch nicht, wenn sie hübsch ist einen Doktor hat. So schnell wird man einen Knut nicht los.

Beim zweiten Übungsblock gebe ich alles. „Das haben Sie prima gemacht!", sagt jetzt eine freundliche Stimme vom Band. Klar, ich bin ja nicht taub. Was tut man nicht alles für Geld und seinen geldgierigen Vermieter?

Nachdem die Übungen abgeschlossen sind, befreit mich ein Medizintechniker aus der dunklen Kabine und den Kabeln.

„Wo ist denn die Frau Doktor?", frage ich.

„Die holt Kaffee und Kekse", sagt der Techniker.

Das ist endlich mal was Vernünftiges. Die gute Hanna erscheint in der Tür mit einem liebevoll gedeckten Tablett. Und die Servietten haben allerliebste Herzmuster. Ist das vielleicht ein dezenter Hinweis? Sie hat ja auch einiges an mir wieder gutzumachen. Aber ich bin nicht nachtragend, sehe das Ganze eher sportlich. Sicherlich hat sie in ihrem Labor nicht allzu häufig solche Sportskanonen, die bei der Hirnstrommessung alles geben und mit herausragenden Ergebnissen brillieren.

Ich finde, ich habe eine Goldmedaille verdient. Erster Preis für beste Hirnleistung. Und dabei hat das eigentliche Training für mein Kurzzeitgedächtnis noch gar nicht angefangen. Nächste Woche habe ich vier Trainingstermine. Wahrscheinlich steht mein Hirn dann so unter Strom, dass die Spannung nicht mehr messbar ist.

Waldemar

Mann, bin ich kaputt. Viermal Arbeitstraining und man ist total fertig. Ich dachte, ich bekomme jedes Mal was auf die Ohren. Pustekuchen! Wer nicht hören will, muss fühlen. Meine grazilen Finger, um die mich jedes Nagel-Model beneiden würde, wurden einzeln mit einem Metallstück verklebt. Ich saß zwei Stunden in völliger Dunkelheit und sollte elektrische Impulse erspüren und immer eine Taste drücken, wenn der vorletzte Impuls mit dem gerade gespürten identisch war. Manchmal wusste ich überhaupt nicht, ob gerade der Daumen oder der kleine Finger elektrisiert wurde. Egal, ich hab immer fleißig auf die Taste gedrückt.

Mich elektrisierte vor allem die Frau Doktor. Vor lauter Liebesgedanken konnte ich mich kaum auf die Übungen konzentrieren. Liebesgefühle mindern die Denkleistung. Das ist wissenschaftlich erwiesen. Doch auch am letzten Trainingstag schickte mich die gute Hanna nach Hause, ohne mir ein Date in Aussicht zu stellen. Dafür versprach sie mir, detailliertes Informationsmaterial über die Studie zur Verfügung zu stellen.

Seitdem schreibe ich ihr jeden Abend eine E-Mail und versichere ihr, dass dieses Infomaterial für mich total wichtig sei. Ich habe als erfahrener Journalist im Bereich Life Science schließlich schon diverse Anfragen nach forschungsrelevanten Ergebnissen zum Thema Kurzzeitgedächtnis.

Mein demnächst weltweit beachtungswürdiger Artikel „Und wie viel Volt schafft dein Hirn?" ist schon so gut wie verkauft. Ich brauche lediglich ein paar Eckdaten. Hanna meldet sich nicht. Vielleicht hat sie auch Angst. Schließlich könnte ich ihr mit meinem Artikel die wissenschaftliche Anerkennung stehlen. Wissenschaftler sind da sehr sensibel. Kaum hat jemand einen Artikel geschrieben, sucht der nächste gleich nach Fehlern, zur Not auch nach Zitier- und Rechtschreibfehlern.

Vor zwanzig Minuten habe ich ihr wieder geschrieben und beteuert, dass ich nur populärwissenschaftliches Interesse an der Neurologie hätte. Ich will da keinen Doktor machen.

Ha, nun hat sie endlich geantwortet. Also geschrieben hat sie nichts. Nur ein paar Untersuchungsergebnisse angehängt.

Ich betrachte den gemailten Anhang. Die Ergebnisse zeigen mir eindeutig, die Geräte waren defekt. Das wundert mich gar nicht. Was soll man von einem Universitätsgebäude halten, wo man drinnen einen Regenschirm braucht? Da stammen die Messgeräte wahrscheinlich noch aus der Zeit von Wilhelm Conrad Röntgen. Von allen Fühl-Übungen hatte ich immer nur bei 10% richtig geantwortet. Eine Studie, die mit kaputten Geräten durchgeführt wird, kann man doch nicht ernsthaft für die Wissenschaft verwenden.

Wenigstens zahlt die Universität pünktlich. Bei dem Dumping-Lohn kann man das wohl erwarten. Ich werde eine Kopie meiner sogenannten Aufwandsentschädigung an den Sigmar schicken. Von wegen Mindestlohn und so. Das soll der mal gleich für mich politisch durchsetzen. Da kann er zeigen, was er drauf hat.

Nun sitze ich in meiner Küche und gucke, was es Neues für Georgi bei Facebook gibt. Jede Menge neue Freunde habe ich. Wenigstens etwas. Wenn schon kein neuer Auftrag, dann wenigstens neue Freunde. Alle zehn Minuten prüfe ich meinen E-Mail-Account. Keine Nachricht von Hanna. Dabei muss sie doch meine Elektrizität gespürt haben.

Da ich das nicht mehr aushalte, schicke ich ihr wieder eine E-Mail. Ein Mann muss wissen, woran er ist. Ganz mutig schlage ich ihr ein Treffen für heute Abend vor. In einer Weinbar. Für ein Date kann ich durchaus mal auf mein Bier verzichten. Wein ist ohnehin viel philosophischer und am Ende ist es auch egal, durch welchen Alkohol man einen Glimmer bekommt. Ich zögere keine Sekunde und schicke die E-Mail ab. Nun ist es passiert, nicht mehr rückgängig zu machen.

Um mich abzulenken, fahre ich gleich mal zum Markt und kaufe Gemüse. Heute werde ich mir mal eine vegetarische Pfanne zaubern. Vitamine machen sexy und der Winter steht bereits vor der Tür. Wer weiß, was heute Abend noch passiert.

Als ich mit meinen Einkäufen nach Hause komme, lese ich zu meiner Freude eine Nachricht von Hanna.

SIE WILL MICH TREFFEN! Allerdings erst morgen. Das ist wenigstens mal eine Perspektive. Geht doch!

Was ziehe ich bloß an? Und Blumen? Ich sollte ein paar Blumen mitbringen.

Wer auf wichtige Termine wartet, sollte die Wartezeit mit wichtigen Dingen überbrücken: Mein Bücherregal! Das muss unbedingt mal aufgeräumt werden. Da steht alles Mögliche drin, nur kaum Bücher. Ich sollte gleich in den Buchladen fahren und den Bestand mit ansprechender Literatur aufstocken. Vielleicht kommt Hanna noch auf einen Drink mit rein. Dann sieht sie gleich, mit wem sie es zu tun hat. Wegen der anspruchsvollen Lektüre. Während ich die wenigen Bücher aus dem Regal nehme, bleibe ich an einem Titel hängen: „Wie Sie die Ex zurückgewinnen!" Hinten klebt noch der Preis drauf. sechsunddreißig Euro für so einen dünnen Paperbackeinband. Das habe ich mir damals wegen Simone gekauft. Man gut, dass ich das nicht gelesen habe. Dann hätte ich sie wieder an der Backe. Und das gerade jetzt, wo demnächst eine Frau Doktor bei mir an die Tür klopft. Das Buch ist wie neu. Ich stelle es bei Ebay-Kleinanzeigen für siebzig Euro ins Netz. Wer unbedingt seine Alte wiederhaben will, muss schon ein paar Euro ausgeben. Dann radele ich trotz Regen zum Buchladen nach Eimsbüttel. Bin ja ein Naturbursche und passionierter Jäger. Die trotzen jedem Wetter.

Ich frage die Verkaufsmitarbeitern: „Haben Sie intellektuelle Bücher mit einem möglichst breiten regalfüllenden Buchrücken?"

„Wie meinen Sie das?", fragt die Dame.

„Hauptsache, sie nehmen viel Platz ein. Es könnten auch theoretisch Attrappen sein", erkläre ich.

„Vielleicht probieren Sie es im Möbelhandel", sagt sie.

„Wollen Sie mir nichts verkaufen?", frage ich. „Wissen Sie, wie viele arbeitslose Buchhändlerinnen es in Hamburg gibt?"

Sie dreht sich um und lässt mich im Laden stehen.

„Hier kaufe ich nichts!", rufe ich, „hier bekommt man keine anständige Beratung!"

Ein älterer Herr, der so aussieht, als ob er jeden Cent für Bücher ausgibt und sich deshalb keine vernünftigen Klamotten leisten kann, sieht mich irritiert an. Da ich mir nicht mit weiteren Diskussionen den Tag verderben lassen will, gehe ich.

Ich werde mir bei Fred ein paar juristische Bücher leihen. Das kommt auch gut und kostet nichts. Der hat sicher jede Menge alte Gesetzeshandbücher, die kein Mensch mehr braucht, weil die Regierung ständig neue Absätze und Unterabsätze und Unterunterabsätze zu ihren Gesetzen verabschiedet. Sicherlich müssen alle paar Monate neue immer dicker werdende Handbücher gedruckt werden.

Wenn ich auf die Schnelle schon keine neuen Bücher bekomme, könnte ich gleich im Edelblumenladen einen dekorativen Strauß für morgen kaufen. Nicht zu üppig, mehr ein dezenter kleiner Liebesbeweis.

Die Preisetiketten in dem Blumenladen lassen mich zweimal schlucken. Die Floristin fragt mich nach meinen Wünschen.

„Ich suche für eine gebildete Dame meines Herzens eine kleine Aufmerksamkeit."

„Etwas mit roten Rosen?"

„Nee, wir waren noch nicht im Bett."

Sie errötet und schweigt betreten.

„Vergessen Sie es. Ich suche eher etwas Neutraleres. Richtung Orchidee."

„Orchideen sind derzeit nun wirklich nicht en vogue", sagt die Floristin.

„Nicht en vogue? Sie lesen also keine Fachzeitschriften im Bereich Botanik?", frage ich.

„Doch sicher", antwortet sie.

„Wohl die falschen", sage ich.

„Wie meinen Sie?", fragt sie und guckt etwas irritiert.

„Vergessen Sie's", sage ich. Es macht keinen Sinn, über

meinen maßgeblichen Erfolg in der Orchideenzucht zu berichten, wenn der Mensch sich mit Fachliteratur nicht auskennt. Es gibt Menschen, die sind für meine Art der Bildung einfach nicht zugänglich.

„Ich könnte Ihnen vielleicht drei Pink Ladies kunstvoll arrangieren", schlägt sie vor.

„Was für Ladies?"

„Das sind diese pinkfarbenen Rosen mit den großen Blüten. Die halten sehr lang und sehen wunderschön aus."

Ich willige ein und zahle, wenn auch unwillig, den maßlos übertriebenen Preis für die drei Ladies. Frauen sind unglaublich teuer.

Zu Hause stelle ich die Pink Ladies in einen Eimer. Hauptsache, die sehen morgen noch gut aus und mutieren nicht zu grauen Strohblumen.

Kurz darauf sehe ich eine Ebay-Meldung. Wow! Da will ein Verlassener seine Ex zurück und dafür ordentlich in die Tasche greifen. Morgen Nachmittag will er vorbeikommen und sich das Buch abholen. Passt! Denn mit Hanna bin ich erst am Abend verabredet.

Pünktlich wie verabredet klingelt es am nächsten Tag um 16 Uhr an meiner Tür.

Das wird der Ebay-Kleinanzeigen-Kunde sein, der unbedingt seine Ex zurückhaben will. Mit den siebzig Euro kann ich heute Abend gut das Essen bestreiten. Gerade am Anfang einer Beziehung sollte sich jeder Mann großzügig zeigen. Diskussionen über Geld kommen noch früh genug. Jedenfalls erspart mir der Ebay-Kleinanzeigen-Käufer einen weiteren Anruf wegen Geld bei Simone.

Als ich die Tür öffne, steht vor mir jemand, der mich sehr an Conan, den Babar, erinnert. Nur die verheulten

Augen des Muskelpakets wollen nicht ins Bild passen. Jawoll, der hat das Buch nun wirklich nötig! Wenn ich nicht dringend die siebzig Euro für heute Abend bräuchte, würde ich es ihm glatt schenken. Aber in Geldangelegenheiten kann ich mir Sentimentalitäten derzeit nicht leisten.

„Sie sind wegen des Buches hier?", frage ich den Conan überflüssigerweise.

„Ja", krächzt dieser weinerlich, „ich hoffe, ich komme nicht zu spät."

„Nö, mit dem Buch ist nichts zu spät. Wenn Sie das durchgearbeitet haben, wissen Sie genau, wie die Ex tickt. Aber kommen Sie erst mal rein. Das müssen wir nicht im Flur besprechen."

Conan folgt mir in die Küche. Just in dem Moment kommt mir der Gedanke, dass Conan in Wahrheit ein Perverser sein könnte und gleich über mich herfallen wird. Schon meine Mutter hat uns immer davor gewarnt, Fremde in die Wohnung zu lassen. Zum Glück klemmt die Schublade mit dem Kochmesser nicht mehr. Ich stelle mich unauffällig vor die Lade und biete Conan einen meiner Küchenstühle an. Der setzt sich und ich hoffe, dass der Stuhl die Muskelmasse trägt.

„Ein Astra?", frage ich, um der Situation die Spannung zu nehmen und denke dabei eher an mich.

Conan nickt, streckt mir die Hand entgegen und sagt: „Ich bin übrigens der Waldemar. Du kannst mich ruhig duzen."

„Das ist nett von dir, Waldemar. Meine Mutter hat mich Knut getauft." Ich schüttele seine Hand und frage mich, warum dieser Conan einen feucht-labbrigen Händedruck hat und zudem diesen Namen tragen muss.

Dafür hat er einen guten Zug am Leib. Das Bier trinkt er fast auf einmal.

„Noch eins?", frage ich. Er nickt.

Nach dem zweiten Bier berichtet er von seiner Natascha. Bei Natascha dachte ich im ersten Moment an eine temperamentvolle Russin, die in jeden James-Bond-Film passt.

Im Laufe seiner Erzählung wird mir jedoch klar: Natascha ist eine 35jährige Latein-Studentin ohne Abschluss und Job. Ihre Tage verbringt sie mit dem Gucken von Doku-Soaps und abends geht sie mit Freundinnen tanzen. Natürlich ohne Waldemar. Denn der muss am nächsten Morgen raus, um tagsüber als Fitnesstrainer das Geld zu verdienen, was Natascha abends ausgibt.

„Die willst du echt zurück?", frage ich verständnislos. „In der Muki-Bude gibt es jede Menge junge Mädels. Richtig Durchtrainierte mit einem festen Po. Was willst du mit einer Natascha?" Hoffentlich führt diese Frage nun nicht dazu, dass Waldemar zustimmt und das Siebzig-Euro-Buch „Ex zurückgewinnen" nicht mehr haben will. Doch Waldemar ist bei Natascha beratungsresistent. Bevor er es sich anders überlegt, übergebe ich ihm das Buch. Da er zunächst keine Anstalten macht, das Geld für mich abzuzählen, sage ich: „Siebzig Euro. Das Astra geht aufs Haus."

Das versteht Waldemar und gibt mir das Geld.

„Noch ein Bier?", frage ich. Waldemar nickt.

Irgendwann sitzen wir kichernd auf meinem Sofa und bewerfen uns mit Chips. Die hatte ich gerade gekauft. Waldemar hat heute aber auch verdammtes Glück, dass der Kühlschrank gut mit Bier gefüllt ist. Ich erzähle ihm von Simone und der Abriss-birne Klaus-Eckbert und wie ich mich gefühlt habe, als der Klaus-Eckbert mir meine geliebte Simone entrissen hat. Der Waldemar erzählt mir ausführlich von Natascha und seiner Mutter. Andere Frauen gab es in seinem Leben nicht. Da seine Mutter bereits tot ist, bleibt dem armen Kerl nur Natascha. Nachdem wir meinen Biervorrat aufgebraucht haben, gucke ich auf die Uhr.

„Waldemar, raus!", schreie ich.

„Warum denn? Ist doch gerade so schön", meint Waldemar.

„Ich habe seit einer halben Stunde ein Date mit Hanna!"

Während ich die Jogginghose gegen Jeans tausche, gießt sich Waldemar den letzten Rest von meiner Flasche Cognac ins Bierglas. Ich gebe ihm sein Glas und schiebe ihn zur Wohnungstür. Geistesgegenwärtig klemme ich mir die überteuerten Pink Ladies unter den Arm und stopfe die siebzig Euro in die Hosentasche. Sehr vorsichtig gehe ich mit Waldemar an der Hand die Treppe hinunter. Die Stufen sehen irgendwie schmaler aus als sonst. Habe ich schon immer so weit oben gewohnt?

Auf der Straße gibt mir Waldemar einen feuchten Kuss auf die Wange. Passend zu seinen Händen.

„Wir telefonieren", lallt Waldemar und setzt sich mit meinem Cognac-Glas auf den Bürgersteig. Ich überlasse Waldemar seinem Schicksal und bemühe mich, einen Schritt zuzulegen. Auf dem Weg überlege ich, was ich Hanna als Entschuldigung für mein Zuspätkommen sagen könnte.

Plötzlich bleibe ich abrupt stehen. Wo wollten wir uns nochmal treffen? Ich versuche, mich zu erinnern. Mein

Gedächtnistraining muss doch für irgendetwas gut gewesen sein.

„Ganz ruhig, Knut", sage ich zu mir, „konzentrier dich." Mir fällt es nicht ein. Ich habe den Namen des Lokals vergessen. War es ein Italiener? Oder ein Bistro? Ich gucke auf die Uhr. Inzwischen bin ich eine dreiviertel Stunde zu spät. Mir fällt es nicht ein. Ich weiß es nicht mehr.

„Knut, hilf mir wieder hoch!", höre ich Waldemar entfernt jammern. Ich drehe mich um. Er sitzt weiterhin mitten auf dem Bürgersteig. In so einer Situation kann man niemanden allein lassen. Ich gehe zu ihm und helfe ihm auf die Beine.

„Hast du ein Bier?", fragt Waldemar.

„Nein, alle", sage ich.

„Aber du hast siebzig Euro in der Tasche", sagt Waldemar.

„Ja. Und du hast dafür ein gutes Buch bekommen."

„Wo ist mein Buch?", fragt Waldemar.

„Das liegt in meiner Küche?"

„Gut. Da liegt es gut", sagt Waldemar, „heute Abend lese ich es eh nicht mehr. Das kann ich mir auch morgen holen."

Waldemar hakt sich bei mir unter und wir bummeln langsam zum Kiez. Zwanzig Minuten später tanzen wir wie die Großen in der Kneipe „Das Herz von St. Pauli".

„So ein Knut tut richtig gut." (KK)